Jasmin Rosenberg

Achtsamkeit für Anfänger

Mit Achtsamkeitstechniken gegen negative Gedanken, Angst und Sorgen

Für Fragen und Anregungen:
info@vibrantlife.de

2. Auflage 2016
ISBN-13: 978-1517429058

VibrantLife Publishing ist ein Verlag der Vibrant Life UG
Marktplatz 6
92670 Windischeschenbach

Weitere Informationen zum Verlag finden Sie unter
www.vibrantlife.de/publishing

Inhaltsverzeichnis

Einleitung 1

Was ist Achtsamkeit und woher kommt sie? 3

Vorteile der Achtsamkeit 7

Die Grundpfeiler 9

Warum ist Achtsamkeit wichtig für mich? 13

Warum ist Achtsamkeit wichtig für Beziehungen? 15

Warum ist Achtsamkeit wichtig für das Berufsleben? 19

Wie gehe ich achtsam mit mir selbst um? 23

Wie gehe ich achtsam mit anderen um? 27

Ein ganz wichtiger Aspekt der Achtsamkeit – Sei dankbar! 31

Achtsamkeit für Anfänger - Einfache Achtsamkeits-Übungen und Praktiken 39

Achtsamkeit für Fortgeschrittene – Techniken und Übungen 45

Meditation 53

Wie mache ich mir Achtsamkeit zur lebenslangen Gewohnheit? 67

Lebe jeden Tag ein achtsames Leben! 71

Fazit 77

1

Einleitung

Du bist ganz sicher jemand, der sozusagen „mitten im Leben" steht, der beruflich erfolgreich ist, eine Familie versorgt, kurz, dessen Tag von morgens bis abends gefüllt ist.

Hast Du Dir schon einmal die Frage gestellt, wie viel von Deinen täglichen Aktivitäten Du wirklich „er-lebst", im wahrsten Sinne des Wortes? Wenn Du z. B. im Garten arbeitest, erlebst Du, also bist Du in Gedanken bei dem, was Du tust? Siehst Du bewusst die Blumen an, ihre Form, ihre Farbe(n)? Spürst Du, wie sich der feuchte Rasen anfühlt, riechst Du den Geruch der Erde? Ist es nicht vielmehr so, dass Du während der Arbeit gedanklich weit weg bist? Die Schwiegermutter hat nächste Woche Geburtstag, und Du hast noch kein Geschenk, Du weißt noch nicht, was Du heute Abend kochst, und dafür eingekauft muss auch noch werden? Oder oder oder…

Wenn Du am Morgen Deine Kinder zur Schule bringst, achtest Du auf die Details des Weges? Welche Straßen Ihr durchquert, sind die Straßen von Bäumen gesäumt, wer begegnet Euch auf dem Weg? Ist es nicht vielmehr so, dass Du mit Deinen Gedanken schon im Büro bist? Machst Du Dir Sorgen, pünktlich zu sein? Denkst Du darüber nach, ob die Präsentation klappen wird, ob die Kaffeemaschine wieder funktioniert, hoffst Du, der Chef möge gutgelaunt sein? Oder oder oder…. Na? Habe ich Dich ertappt?

Stell Dir vor, Du würdest, statt mit Deinen Gedanken auf Wanderschaft zu gehen, wirklich und bewusst im Moment leben, das was Du gerade tust, auch gedanklich tun. Du glaubst, das geht gar nicht? Doch, das geht! Diese Lebensweise hat einen Namen, nämlich Achtsamkeit, und dahinter verbirgt sich nichts anderes als die ständige Ausrichtung Deiner Aufmerksamkeit auf den augenblicklichen Moment, auf das Jetzt.

Achtsamkeit ist eine sehr alte Lehre, die auf buddhistische Mönche zurückgeht und spielt eine immer größere Rolle in modernen Meditationspraktiken. Mit Achtsamkeit kannst Du nicht nur eine wesentlich bessere Konzentration erreichen, sie hat erwiesenermaßen einen sehr positiven Einfluss auf Dein körperliches und seelisches Wohlbefinden.

In diesem Buch wirst Du lernen, was Achtsamkeit ist und was für Vorteile sie hat. Auch werde ich Dir viele nützliche Übungen und Meditationen vorstellen.

Möchtest Du Angst und Stress abbauen? Möchtest Du mehr Ruhe, Entspannung und Freude am Hier und Jetzt in Deinem Leben haben? Möchtest Du lernen, wie Deine Gedanken von Dir, und nur von Dir, gelenkt werden? Dann schlag das nächste Kapitel auf. Viel Spaß beim Lesen!

2

Was ist Achtsamkeit und woher kommt sie?

Woran denkst Du, wenn Du dieses Wort hörst? Achtsamkeit – da schwingt mit „achten auf etwas", „vorsichtig sein" oder auch „auf der Hut sein".

Vielleicht denkst Du bei Achtsamkeit auch an einen kahlköpfigen Mönch in orangefarbenem Gewand, der in einem Kloster im Himalaya im Zeitlupentempo Tee in eine Schale gießt, bevor er sich in einen Zustand der tiefen Meditation versenkt? Ist das Achtsamkeit?

Oder vielleicht hast Du bei Achtsamkeit auch die Vorstellung von mystischen und transzendentalen Erfahrungen? Mit tiefgreifenden, für das weltliche Gemüt jedoch unverständlichen Erkenntnissen?

Ich würde es so erklären: Achtsamkeit bedeutet, dass Du zu jedem Zeitpunkt das, was Du tust, bewusst tust und Dich nur auf die Aktion konzentriert und auf nichts anderes. Und dies geschieht ohne jegliche Wertung. Sonst musst Du nichts tun, Du musst nichts erreichen und auch nicht eingreifen. Deine Aufmerksamkeit soll wertfrei und absichtsvoll auf den gegenwärtigen Augenblick gerichtet sein.

Klingt ganz einfach? Machen wir das nicht sowieso, ohne dass ein Ratgeber es uns erklären muss? Nein, tun wir nicht. Meist entgeht uns dieser gegenwärtige Augenblick, weil wir mit den Gedanken überall sind, nur nicht bei dem, was wir gerade tun. Unsere Gedanken fahren Karussell, wir überlegen, was wir heute Abend kochen, das Kind muss später zum Sport gefahren werden, die Schwiegermutter hat nächste Woche Geburtstag, und wir haben keine Idee für ein Geschenk... und und und. Wir funktionieren dann im sogenannten „Autopilotenmodus" was leider zur Folge hat, dass wir nicht wirklich „erleben", was wir gerade tun und auch nicht mehr situationsangemessen reagieren können. Im schlimmsten Fall kann das sogar schlimme Folgen haben, z. B. beim Autofahren. Unsere Reaktionen und unser Verhalten werden mechanisch und unflexibel.

Beispiel:

Hand aufs Herz, Dein Frühstück sieht so aus: Du bist spät dran, schaufelst rasch ein paar Kalorien in Dich hinein, trinkst ein paar Tassen Kaffee und denkst dabei an tausend andere Dinge - dass Du später pünktlich zum Meeting erscheinen musst, was Du heute einkaufen willst, dass Du noch einen Zahnarzttermin für Dein Kind vereinbaren musst. Im schlimmsten Fall kräht nebenbei der Fernseher und Du guckst alle 30 Sekunden auf Dein Smartphone.

Wenn Achtsamkeit Teil Deines Lebens ist, sieht es hingegen so aus: Du sitzt in Ruhe am Tisch und tust nur und ausschließlich eines: Frühstücken. In allen Details und mit allen Deinen Gedanken, Deinen Sinnen, Deiner Konzentration. Du spürst das glatte Metall der Gabel oder des Löffels in Deinen Fingern, Du spürst das Gefühl und die Würze der Speisen auf Deiner Zunge, Deinem Gaumen. Wenn Deine Gedanken abschweifen, wirst Du sie zurückholen und weiterhin auf das sinnliche Essenserlebnis fokussieren. Das ist eine „achtsame" Mahlzeit.

Geschichte der Achtsamkeit:

Das Praktizieren von Achtsamkeit ist noch nicht lange Bestandteil von Alltag und Medizin, jedoch hat sie ihren Ursprung vor über 2500 Jahren und stammt von buddhistischen Mönchen. Damals wurde sie angewandt, um einen Zustand der Erleuchtung von Geist und Gedanken zu erlangen, aber auch um die Konzentrationsfähigkeit des Gehirns zu steigern.

In vielen frühen Religionen wurden Rituale und Meditationen angewandt, die das Ziel hatten, die Gedanken weg von den Alltagssorgen und hin zu einer erweiterten und umfassenderen Sicht der Dinge zu bringen. Es zeigen sich im Prinzip der Achtsamkeit auch Verbindungen zu alten hinduistischen Schriften, insbesondere der etwa 500 Jahre alten Yoga-Sutra von Patanjali, deren Konzept sich in den modernen Achtsamkeits-Übungen wiederfindet. Zum Beispiel fordert diese Sutra dazu auf,

„Dinge hinzunehmen, die jenseits Deiner Macht sind" – also das, was Du nicht beeinflussen kannst, zu akzeptieren und loszulassen.

Als „Vater" der modernen Achtsamkeit gilt Jon Kabat-Zinn, emeritierter Medizinprofessor der Universität Massachusetts. Er studierte bei buddhistischen Gelehrten und entwickelte ein auf Achtsamkeit basierendes Anti-Stress-Programm. Jon Kabat-Zinn gründete ein Gesundheitszentrum mit Fokus auf Achtsamkeitstechniken, die sich bei der Bekämpfung von Ängsten, Stress und Krankheiten als hilfreich erwiesen haben. Im nächsten Kapitel möchte ich Dir nun zeigen, welche zahlreichen Vorzüge ein achtsames Leben für Deine körperliche und seelische Gesundheit haben kann.

3

Vorteile der Achtsamkeit

Mit einer achtsamen Lebensführung kannst Du Deiner Seele und Deinem Körper sehr viel Gutes tun. Ich beginne zunächst mit den körperlichen Vorteilen:

- Mit Achtsamkeit kannst Du Dein Energie-Level besser halten und wirst nicht so schnell müde.
- Achtsamkeitstechniken helfen gegen Bluthochdruck und vermindern somit das Risiko eines Herzinfarkts oder Schlaganfalls.
- Mit Hilfe von Achtsamkeit ist es möglich, aus Verspannungen resultierende Schmerzen wie Gelenk- oder Muskelschmerzen, aber auch Kopfschmerzen zu reduzieren.
- Mit einer achtsamen Lebensweise kannst Du körperliche und auch seelische Alterungsprozesse deutlich verlangsamen.
- Achtsamkeitsmeditationen helfen Dir bei der Bewältigung von Stress.
- Viele Menschen können durch regelmäßige Anwendung der Techniken wesentlich besser schlafen.
- Achtsamkeitsübungen haben sich als sehr effektiv bei der Bekämpfung von Depressionen und Angsterkrankungen erwiesen.

Durch Achtsamkeit kannst Du nicht nur für das körperliche Wohlbefinden viel erreichen, auch Deine Seele wird von einem von Achtsamkeit geprägten Lebensstil sehr profitieren. Hier nun eine Liste mit Vorteilen für die seelische Gesundheit:

- Mit einer regelmäßigen Ausübung von Achtsamkeitstechniken steigerst Du die Produktion von Serotonin im Gehirn, was zu einer allgemeinen Verbesserung Deiner Stimmung und zur Vermeidung oder Verbesserung von Depressionen führt.
- Durch Achtsamkeitsübungen machst Du Dir weniger Sorgen um Gegenwart und Zukunft und reduzierst so Ängste und Stress.
- Gefühle wie Wut, Ärger oder Frustration können durch Achtsamkeitstechniken deutlich verringert werden.
- Durch das Praktizieren von Achtsamkeit kommst du zu einem tieferen Verständnis Deines Selbst und Deiner Ziele.

Du kannst ein Instrument nur erlernen, wenn Du regelmäßig übst. Du kannst Dir eine neue Sprache nur aneignen, wenn Du täglich dafür lernst. Genauso verhält es sich mit der Achtsamkeit. Willst Du sie in Dein Leben integrieren, so ist es unabdingbar, die Übungen, Techniken und Meditationen regelmäßig durchzuführen.

Nachdem ich Dir so viele Vorteile aufgezeigt habe, bist Du sicher neugierig geworden, noch mehr über Techniken und Gewohnheiten zu erfahren. Im Folgenden erkläre ich Dir die Grundpfeiler der Achtsamkeit.

4

Die Grundpfeiler

Ich erinnere daran, Sinn und Zweck der Achtsamkeit ist ja, dass Du Deine Konzentration und Deinen Fokus verbesserst, um IM MOMENT zu leben und um DEN MOMENT bewusst zu leben. Um diesen Zustand der Bewusstheit zu erreichen, ist es wichtig, dass sowohl Deine Seele als auch Dein Körper zur Ruhe kommen und Du in Deiner Mitte ankommst.

Hier ein Überblick über die fünf wichtigsten Punkte, die bei den meisten Achtsamkeitsübungen eine Rolle spielen:

1. Atem-Meditation

Die meisten Achtsamkeits-Meditationen beginnen mit der Aufforderung ruhig zu sitzen und tief ein- und auszuatmen. Wenn Du Dich auf das Atmen konzentrierst, wirst Du automatisch beginnen, Deine Gedanken nach innen zu lenken und jegliche Ablenkung aus Deinen Gedanken herauszuhalten. Ich werde auf das Thema Atmung später noch einmal genauer eingehen, da es das A und O eines achtsamen Lebens und einer erfolgreichen Meditation ist.

2. Achte auf Deine körperlichen Wahrnehmungen

Sei Dir mehr und mehr Deiner Empfindungen und Wahrnehmungen bewusst. Konzentriere Dich darauf, was Du empfindest, wenn Wasser über Deine Haut läuft oder wie sich ein bestimmter Gegenstand in Deiner Hand anfühlt - achte auf jede Kleinigkeit im Holz oder im Stoff, ist er eher warm oder eher kalt? Wie ist seine Struktur? Wie schwer ist er?

3. Nutze alle Deine Sinne

Ebenso wie die soeben beschriebenen Wahrnehmungen, konzentriere Dich auf alle anderen Sinne. Du wirst überrascht sein, wie Dein Auge Dinge wahrnimmt, wenn Du Dich wirklich auf das Sehen konzentrierst. Das Gleiche gilt für das Hören, Riechen und Schmecken.

4. Akzeptiere Deine Gefühle

Ein sehr wichtiger Aspekt fast aller Achtsamkeitstechniken besteht darin, Deine Gefühle zu erkennen, zu akzeptieren und sie loszulassen, ohne sie dabei zu verurteilen. Nimm jedes einzelne Gefühl an - Trauer, Wut, Frust - akzeptiere die Gefühle ohne sie zu verurteilen, und dann lass sie los!

5. Mäßige Deine Gier nach Dingen, die Dir nicht gut tun

Achtsamkeitstechniken können ebenfalls sehr gut gegen Suchtverhalten eingesetzt werden. Akzeptiere Dein Verlangen nach Alkohol, Zigaretten oder anderen Drogen für einen Moment, verurteile diese Gefühle nicht - und dann lass sie los.

Die Gründerin des Netzwerkes Mindfulnet.org, Juliet Adams, hat die verschiedenen Aspekte der Achtsamkeit sehr schön in der ABC-Formel zusammengefasst. Diese setzt sich wie folgt zusammen:

A – Awareness (engl. die Wahrnehmung, das Bewusstsein)

Richte Deine Gedanken nach innen, sei Dir immer bewusst, was Du tust und was Du denkst. Achte darauf, was in Deinem Körper und in Deiner Seele vor sich geht.

B – Being (engl. das Wesen, das Sein)

Du allein entscheidest über Deinen Geist und Deinen Körper – lass keine fremden Gedanken zu, sei ganz Du selbst, bei Dir und bei dem, was Du gerade tust. Konzentriere Dich auf Deine Atmung und andere Techniken, um ganz im Jetzt zu sein.

C – Create a Gap (engl. schaffe eine Lücke)

Wenn Du Deine Gefühle und Gedanken mit etwas Abstand und ohne jegliche Wertung betrachtest, kannst Du eine geistige Lücke zwischen Deinen Erfahrungen und Deinen Reaktionen auf diese erzeugen. Bei objektiver Betrachtung Deiner Erfahrungen wirst Du lernen, weise und achtsame Entscheidungen zu treffen.

5

Warum ist Achtsamkeit wichtig für mich?

Mit achtsamem Handeln kannst Du Deine Persönlichkeit und Deine persönliche Entwicklung deutlich verbessern. Mit Achtsamkeit erhöhst Du Deine bewusste Wahrnehmung. Und mit einer hohen Bewusstheit schwingst Du auf einer höheren Energieebene, und befindest Dich auf einem höheren spirituellen Level. Wenn Du Dich durch Achtsamkeitsübungen regelmäßig mit Deinem inneren Selbst verbindest, wirst Du in jeder Situation ein tieferes Verständnis erlangen und vor Fehlentscheidungen bewahrt.

Achtsamkeit verändert Deine Konzentration. Es liegt in Deiner Verantwortung, Deine Gedanken zu steuern. Wenn Du ihnen erlaubst, immer und ständig auf Wanderschaft zu gehen, werden sie herumspringen wie ein wildes Tier im Käfig und pausenlos neue und oft beängstigende Ideen erzeugen. Der einzige Weg, dieses wilde Tier in Dir zu zähmen, ist,

Deine Gedanken darauf zu fokussieren, was DU willst. Es ist allein Deine Entscheidung!

Mit achtsamem Verhalten kannst Du negative Gedanken und Gefühle wie Ärger, Groll oder Wut aus Dir herauslassen, bevor solche Gefühle die Chance haben, sich erst in Dir festzusetzen, zu negativen Gedankenmustern zu werden, die dann nur schwer wieder zu beseitigen sind. Achtsamkeit fördert die Selbstliebe und die Selbstakzeptanz. Wenn Du Deine Gedanken steuerst, ohne sie zu bewerten oder zu verurteilen, dann bedeutet das, dass Du Dich selbst achtest. Wenn Du Deine Gedanken hingegen bewertest oder verurteilst, werden sie sich tief in Dir festsetzen, unbeweglich werden, was bedeutet, Du kannst nicht mehr so gut lernen, wachsen und Dich entwickeln.

Achtsamkeit bewahrt Dich vor Selbstverurteilung. Die Art und Weise, wie Du andere bewertest, ist meist die gleiche, wie Du Dich selbst bewertest. Wenn Du durch Achtsamkeit Deine Bewusstheit erhöhst, lernst Du Deine Selbstverurteilung zu erkennen. Und diese Erkenntnis ist ein erster Schritt auf dem Weg, Dich von der Selbstverurteilung zu befreien.

Achtsamkeit erhöht Dein seelisches Wohlbefinden. Seelisches Wohlbefinden erreichst Du durch erhöhte Selbstakzeptanz und mehr Selbstachtung. Dies wiederum führt zu größerer innerer Freiheit und Erfüllung und damit zu mehr Glücksempfinden.

6

Warum ist Achtsamkeit wichtig für Beziehungen?

Eine Partnerschaft – noch dazu eine lang anhaltende - ist nicht selbstverständlich, und immer mehr Beziehungen werden viel zu schnell beendet bzw. gegen eine neue ausgetauscht. Studien zeigen, dass wir alle ein bestimmtes Raster für das Finden eines Partners haben – und dass die Kandidaten, die in diesem Raster hängenbleiben, im Schnitt 80% unserer Erwartungen erfüllen. Im Laufe der Beziehungen verschiebt sich unsere Wahrnehmung dahingehend, dass wir immer weniger diese 80% achten und schätzen, dafür immer mehr an den fehlenden 20% herumnörgeln und -kritisieren. Oft so lange, bis wir die Beziehung schließlich beenden und gegen eine neue ersetzen, die wiederum „nur" 80% unserer Bedürfnisse – nur aber eben andere 80% -, und siehe da, das Trauerspiel beginnt von vorn.

Achtsam miteinander umgehen – das Wort achtsam ist letztlich verwandt mit dem Wort Achtung – das heißt also Achtung, Respekt voreinander haben. Dies ist eines der wichtigsten Voraussetzungen für das Gelingen einer Partnerschaft. Die meisten Menschen verlernen in einer langjährigen Beziehung das achtsame Umgehen miteinander. Die Präsenz des Partners ist selbstverständlich, seine Stärken und Vorzüge werden schon lange nicht mehr wahrgenommen, seine Schwächen hingegen immer stärker kritisiert.

Am Anfang ist Achtsamkeit im Umgang miteinander noch selbstverständlich bzw. sie ist uns noch nicht einmal bewusst. Wir sind frisch verliebt, wir wollen den anderen unbedingt für uns gewinnen und von uns überzeugen und verhalten uns von ganz allein achtsam. Da ist es selbstverständlich, dass man das Objekt der Begierde nicht aus den Augen lässt, dass man sich mit nichts anderem beschäftigt als dem (potentiellen) Partner. Dafür müssen wir uns nicht einmal anstrengen. Nie im Leben würden wir zu spät zum Date erscheinen, nie die Blumen vergessen, und wir kämen ganz sicher nicht auf die Idee, während eines gemeinsamen Essens zwischendurch aufs Smartphone zu starren und womöglich noch mit jemand anderem zu schreiben.

Irgendwann wird die erste Verliebtheit eine Beziehung, und diese wiederum wird irgendwann zur Routine. Der Partner wird zur Selbstverständlichkeit, man sieht immer weniger das Gute an ihm und immer mehr das Schlechte. Es kommt immer häufiger zu Unzufriedenheit und Nörgeleien. Die meisten von uns haben es sicher schon einmal erlebt: Nach etlichen Jahren Beziehung hat man das Gefühl, vom Partner überhaupt nicht mehr wahrgenommen zu werden. Klassisches Beispiel sind wohl das neue Outfit oder die neue Frisur, die der Partner gar nicht registriert. Mach doch mal die Probe auf's Exempel: Ruf Deinen Partner vom Büro aus an und frage, was Du heute morgen anhattest, als Du das Haus verlassen hast. Die Antwort wird Dich möglicherweise frustrieren.

Es geht jedoch auch anders. Achtsamkeit hilft uns auch in diesem Bereich, mit negativen Angewohnheiten zu brechen und einen neuen, besseren Weg des Umgangs zu finden. Achtsames Umgehen mit dem Partner bedeutet in erster Linie das Übernehmen von Verantwortung. Es ist ja so leicht, den anderen für alles verantwortlich zu machen, was in der Beziehung schiefläuft. Ein achtsamer Partner übernimmt selbst die Verantwortung für das Gelingen der Partnerschaft.

Achtsames Umgehen mit dem Partner bedeutet in jeder gemeinsamen Minute präsent zu sein, dem Anderen Aufmerksamkeit zu schenken. Wenn Dein Partner redet, hör ihm zu! Egal, ob er Dir über seinen Tag im Job erzählt oder über den nächsten Urlaub. Egal, ob es Dinge sind, die Du bereits hundertmal gehört hast. Nimm seine Worte wahr, nimm wahr, was sie mit Dir machen. Dies gilt übrigens auch in Situationen von Streit oder Meinungsverschiedenheiten. Allzu leicht verkriechen wir uns da in unser Schneckenhaus, reagieren beleidigt, fühlen uns ungerecht behandelt. Das ist jedoch falsch und nicht zielführend. Hör Deinem Partner immer zu!

Weißt Du, was interessant ist? Es gibt eine Studie, die hat gezeigt, dass langjährige Paare oft weniger übereinander wissen als Paare, die sich erst kurz kennen. Es ist also mitnichten so, dass man seinen Partner auch nach Jahren noch wirklich „kennt". Das liegt zum großen Teil daran, dass jeder Mensch sich im Laufe etlicher Jahre stark verändert. Man merkt das nicht, wenn man jemanden täglich um sich hat. Eine Schulfreundin, die ich auch 30 Jahre nach dem Abitur noch alle paar Wochen sehe, scheint nicht zu altern und hat sich in meinen Augen kaum verändert. Wenn ich aber bei einem Klassentreffen die anderen Mitschüler nach 10, 20 oder gar 30 Jahren wiedersehe, erkenne ich sie kaum wieder, so stark haben sie sich verändert. Das liegt aber einzig und allein in meiner Wahrnehmung. Selbstverständlich hat sich die Freundin, die ich regelmäßig sehe, genau so verändert wie alle anderen.

Nimm Deinen Partner also jederzeit bewusst wahr. Achte auf sein Aussehen, seine Gesten, seine Kleidung. Verliere nie das Interesse daran, was er gern mag, was er gern tut.

Eine gute Idee ist ganz sicher das Schaffen von Achtsamkeits-Ritualen: Nehmt Euch jeden Morgen – egal wie knapp die Zeit vielleicht sein mag – wenigstens 10 gemeinsame Minuten. Im Idealfall für ein gemeinsames Frühstück, aber wenigstens für ein kurzes Gespräch. Sag Deinem Partner, wie froh und dankbar Du bist, dass es ihn in Deinem Leben gibt. Wünsch ihm von Herzen einen schönen Tag und sag ihm, wie sehr Du Dich auf den gemeinsamen Feierabend freust. Wiederholt das Ritual am Abend.

Schafft Euch regelmäßig gemeinsame Erlebnisse. Wenn Ihr Kinder habt – nehmt Euch einen Babysitter. Zeit zu zweit ist wichtig, auch als Eltern. Einmal im Monat ein Restaurantbesuch, ein Kinoabend oder ein Picknick am See – wichtig ist bewusste Zeit zu zweit und Aufmerksamkeit in jedem Moment.

Vergiss nicht – eine gelungene Partnerschaft zeigt sich nicht am roten Rosenstrauß einmal im Jahr zum Hochzeitstag, sondern in der alltäglichen achtsamen Kommunikation miteinander.

7

Warum ist Achtsamkeit wichtig für das Berufsleben?

Unser Job und unser Arbeitsplatz beanspruchen einen sehr großen Teil unserer Zeit. Die beruflichen Anforderungen werden immer komplexer, Arbeitnehmern wird immer mehr Leistung und Flexibilität abverlangt. Und leider ist der Job für viele von uns mit Stress, Überforderung oder Ängsten verbunden. Auch im Berufsleben ist ein achtsames Leben von großem Vorteil. Viele Angst- und Stress-Situationen können durch Achtsamkeit vermieden oder zumindest reduziert werden. Eine Studie hat gezeigt, dass Arbeitnehmer, die ihre Tätigkeit mit Achtsamkeit ausüben, weniger anfällig für Stress, Burnout und Depressionen sind.

Achtsames Verhalten im Beruf beginnt bereits auf dem Weg zur Arbeit. Optimal ist, wenn du diesen Weg zu Fuß zurücklegen kannst. Dies gibt Dir die beste Möglichkeit, Dich im Hier und Jetzt zu verankern. Laufe bereits achtsam! Setze jeden Deiner Schritte bewusst, fühle dabei den Boden unter Deinen Füßen. Wie fühlt es sich an, auf Beton zu laufen, wie, auf Erdboden zu laufen? Nimm jedes Detail wahr, auch wenn Du den Weg zum tausendsten Mal absolvierst. Jeden Baum am Weg, ein besonderes Haus. Lausche auf die Geräusche, die Dich begleiten. Die Geräusche der Autos, das Geplapper der Schulkinder, das Singen der Vögel.

Auch eine morgendliche Autofahrt kannst Du für eine Achtsamkeitsübung nutzen, besonders, wenn es nicht wirklich eine Fahrt, sondern eher ein Stehen im Stau ist. Konzentrier Dich auf Deine Umgebung, auf den Autositz, auf die Pedale. Konzentriere Dich auf Deinen Atem. Lass keinen Ärger – über andere Fahrer – und keine Angst – vor eventuellem Zuspätkommen zu.

Am Arbeitsplatz angekommen, erledige Deine Aufgaben konzentriert und nacheinander. Wer jahrelang eine Tätigkeit ausübt, entwickelt eine gewisse Routine. Alles wird im Autopilot erledigt, ohne noch darüber nachzudenken. Routine ist der Feind der Achtsamkeit. Alles, was wir routiniert erledigen, tun wir automatisiert, ohne Achtsamkeit, die Gedanken sind oft ganz woanders. Für Erfolg im Beruf ist gedankliche Präsenz und Bewusstsein jedoch unabdingbar. Wenn Du merkst, dass Deine Gedanken zu sehr auf Wanderschaft gehen, ruf sie zurück zu Deiner aktuellen Tätigkeit.

Bei vielen von uns ist die Arbeit nicht nur mit Routine verbunden, sondern auch mit permanentem Stress, Druck, Überforderung. Viele sind mit Ängsten konfrontiert – die Arbeit nicht zu schaffen, den Vorgesetzten oder Kunden nicht zufriedenstellen zu können. Mit Achtsamkeit ist es möglich, Stress und Ängsten entgegenzuwirken.

Vermeide Angst! Lass alles, was im Job passiert, im Hier und Jetzt passieren. Hab keine Panik, das Tagesziel zu verfehlen. Fokussiere Dich einfach nur auf den gegenwärtigen Moment. Sorge Dich nicht um Dinge, die Du sowieso nicht kontrollieren oder steuern kannst. Und mach Dir nicht andauernd Sorgen darüber, was Dein Vorgesetzter über Deine Leistung denkt oder sagt. Das Gleiche gilt für Deine Kollegen. Du weißt, dass Du gut in Deinem Job bist, such Deine Befriedigung für Dich persönlich in der Erledigung Deiner Aufgaben. Versuch nicht ständig, dem Chef zu gefallen. Konzentriere Dich darauf, Dein Bestes zu geben.

Konzentriere Dich auf den gegenwärtigen Moment. Denk nicht an frühere Situationen, die vielleicht nicht so gut gelaufen sind. Genauso denk nicht an das, was Du morgen zu erledigen hast, und dass Du das vielleicht nicht schaffen könntest. Morgen ist morgen, aber Du lebst im Heute, im Hier und Jetzt. Konzentriere Dich auf das, was Du jetzt tust. So vermeidest Du am besten Stress und Ängste.

Lerne, Deine Tagesaufgaben zu planen und Prioritäten zu setzen. Lerne, das Richtige zum richtigen Zeitpunkt zu tun. Wenn Du an einer Aufgabe arbeitest, denk nicht bereits über die nächste nach. Kein Multitasking, auch wenn das heutzutage in Mode ist. Multitasking und Achtsamkeit passen nicht zueinander. Und wenn Du eine Aufgabe beendet hast, häng ihr nicht hinterher. Wende Dich konzentriert der nächsten zu.

Betrachte Deine Kollegen, Deine Vorgesetzten, Deine Untergebenen und Deine Kunden immer neutral und unterlasse es, sie zu bewerten.

Arbeite konzentriert und intensiv während der Arbeitszeit, aber genieße ebenso Deine Freizeit. Denk während der Freizeit nicht über Deine Arbeit nach, sondern nutze diese Zeit zum Genießen und Entspannen.

8

Wie gehe ich achtsam mit mir selbst um?

Atmung

Ein achtsames Leben bedeutet, dass Du dir Deiner Selbst und Deines Körpers jederzeit bewusst bist. Ein ganz wichtiger Bereich des achtsamen Umgehens mit sich selbst ist das Atmen. Atmung ist mehr als nur Aufnahme von Sauerstoff. Eigentlich alle Meditationen und Übungen zur Achtsamkeit beginnen mit dem richtigen Atmen. Nun kannst Du Dich nicht ständig und bei jedem Atemzug auf das Atmen konzentrieren. Aber nimm Dir jeden Tag mehrmals Zeit für bewusste Atmung. Fokussiere Dich dann ganz auf diesen Vorgang. Atme zunächst langsam durch die Nase ein, spüre die eingeatmete Luft in Deinem Hals, in den Lungen, in jeder Zelle Deines Körpers.

Anschließend atme ebenso langsam und konzentriert wieder aus – diesmal durch den Mund. Fokussiere Deine Aufmerksamkeit noch immer auf den Vorgang des Atmens. Sollten Deine Gedanken „spazierengehen", lass dies nicht zu. Konzentriere Dich weiter auf Deine Atemzüge. Mach diese Übung mehrmals am Tag.

Ernährung

Wichtig für einen achtsamen Umgang mit Dir selbst ist auch, was Du Deinem Körper zuführst, wie Du Dich also ernährst. Keine Angst, ich werde Dir jetzt nicht ans Herz legen, Veganer zu werden oder ab sofort auf Pasta und Schokolade zu verzichten. Aber wenn Du Deinem Körper Gutes tun und achtsam leben willst, solltest Du schon etwas genauer auf Nährstoffe, Vitamine und Inhaltsstoffe achten. Achtsam ist das Gegenteil von achtlos – wirf also nicht achtlos alles Mögliche in Deinen Einkaufswagen. Schau Dir vorher an, was in den Lebensmitteln enthalten ist. Wichtig sind ausreichend Mineralien und ausreichend Vitamine. Achte weniger auf Kalorien, dafür mehr auf künstliche Zusatzstoffe, ohne die heute ja kaum noch ein Lebensmittel auszukommen scheint. Vermeide diese, so gut es geht. Dazu gehören Antioxydantien, Farbstoffe, Konservierungsstoffe und alle Arten von Süßungsmitteln – nicht nur Zucker selbst, sondern auch künstlichen Süßstoff. Du ahnst nicht, in welchen Lebensmitteln überall Zucker enthalten ist, in vielen davon käme man nie im Leben auf die Idee! Oder wusstest Du, dass z. B. Ketchup und Fruchtjoghurt wahre Zuckerbomben sind?

Natürlich ist hin und wieder eine Leckerei erlaubt, und auch gegen einen Burger ab und zu ist nichts zu sagen, solange dies eine Ausnahme bleibt. Das Maß muss stimmen. Wichtig ist, dass Nahrung nicht einfach nur satt macht, sondern im wahrsten Sinne des Wortes auch ERNÄHRT.

Achte des Weiteren darauf, möglichst keine Fertiggerichte oder verarbeitete Nahrungsmittel zu kaufen. Du tust Dir einen unschätzbaren Gefallen, wenn Du Dir die Zeit nimmst und immer frisch zubereitest. Dein Körper und Deine Seele werden es Dir danken!

Achtsamer Umgang mit Essen bedeutet aber nicht nur, was Du isst, sondern auch, wie Du es isst. Jeder Berufstätige kennt es – morgens werden hastig 2 – 3 Tassen Kaffee hinuntergeschüttet, vielleicht noch ein Brötchen oder Croissant dazu, in der Mittagspause hat man keine Zeit in Ruhe eine gesunde Mahlzeit zu sich zu nehmen. Man hetzt dagegen zur Imbissbude, schlingt schnell eine Currywurst oder eine Portion Pommes frites hinunter und hetzt zurück in die Firma, um das nächste Meeting oder den nächsten Kundentermin nicht zu verpassen. Manchmal fällt das Mittagessen aus Zeitgründen sogar ganz aus, dafür muss es dann am Abend die XXL-Pizza vom Lieferservice sein.

Die meisten Menschen schaffen es mittlerweile nicht mal mehr, eine Mahlzeit ohne den ständigen Blick auf das Smartphone hinter sich zu bringen. Sehr schade!

Das alles ist nicht nur ungesund und zeugt von wenig achtsamem Umgang mit sich selbst, ein solches Verhalten stiehlt leider auch jede Menge Lebensqualität. Höchste Zeit, gegenzusteuern und etwas zu ändern. Achtsames Essen bedeutet, dass Du dankbar bist für Dein Essen, dass Du es ehrst, indem Du Dir Zeit nimmst. Setz Dich in Ruhe hin, schalte das Smartphone aus. Schalte alle Gedanken ab, die nichts mit dem Essen zu tun haben. Genieße jeden Bissen, zuerst mit den Augen, dann mit der Nase, schließlich mit den Geschmacksnerven. Das Gleiche gilt für die Getränke.

Achtsames Essen bedeutet schließlich auch, auf Deinen Körper zu hören, der Dir signalisiert, wann das Sättigungsgefühl eingetreten ist. Hör auf zu essen, wenn Du satt bist. Vergiss das Mantra Deiner Kindheit, dass Du den Teller leeressen musst, damit die Sonne morgen scheint. Dies ist ein Spruch, der in Zeiten von Krieg und Entbehrung sicher seine Berechtigung hatte, aber längst überholt ist. Iss nur so lange, bis Du satt bist, ansonsten wird sich bald ein unangenehmes Völlegefühl breitmachen. Und mehr zu essen, als einem gut tut, ist meist der Anfang von Übergewicht.

Eins nach dem anderen!

Multitasking ist ja auch so ein Modewort. Ach ich bin ja so multitaskingfähig, ich schaffe 10 Dinge auf einmal.... Problem ist leider meistens, dass man von 10 gleichzeitig erledigten Dingen keines davon wirklich gut macht. Wenn Du achtsam leben willst, solltest Du Dich in Ruhe jeder Aufgabe einzeln widmen. Nur so kannst Du garantieren, dass Dein Fokus auf das gerichtet ist, was Du gerade jetzt in diesem Moment tust.

Schenk immer dem was Du tust, Deine volle Aufmerksamkeit. Eine rote Ampel zwingt Dich zu einer Pause? Anstelle hektisch aufs Lenkrad zu trommeln und die Gedanken auf Wanderschaft zu schicken, ob Du pünktlich zum Termin kommst oder ob Dir womöglich gleich der Bäcker die Tür vor der Nase zu macht – halt einen Moment inne, atme tief ein und aus und genieße einfach mal Deinen bequemen Autositz. Und siehe da – schon ist die Ampel wieder grün!

9

Wie gehe ich achtsam mit anderen um?

Sei anwesend

Facebook, Twitter & Co. ersetzen immer mehr die Konversation im realen Leben, mit einem realen Gegenüber. Und wenn wir es dann doch einmal schaffen, jemanden außerhalb der virtuellen Welt zu treffen – sind wir dann mit diesem Menschen wirklich allein? Ist es nicht vielmehr so, dass irgendein Begleiter aus der Welt der Technik ständig dabei ist? Der Fernseher, der im Hintergrund dudelt, das Tablet, das wir allzeit mit uns herumschleppen, das allgegenwärtige Smartphone sowieso.

Kennst Du das? Du sitzt mit einem Freund im Restaurant oder im Café, aber Deine Gedanken sind weit weg. Du denkst an den nächsten Business-Termin, ärgerst Dich über den Streit mit dem Partner von heute Morgen, bist jetzt schon gestresst vom Gedanken an den Kindergeburtstag in 3 Tagen. Und – wichtiger als das Gegenüber ist das Smartphone. Entweder direkt, indem Du ständig nach Whatsapp-Nachrichten schaust oder indirekt, indem Deine Gedanken darum kreisen, wann Du das Handy wieder aus der Tasche ziehen kannst, ohne allzu unhöflich zu wirken. So oder so – Du bist abgelenkt, Du bist nicht bei Deinem Gegenüber – kurz: Du bist nicht achtsam.

Oder eine andere Situation: Der Wecker klingelt, Du hast nicht ausgeschlafen, stehst mürrisch auf, machst Dich fertig für das Büro, Deine Gedanken überschlagen sich bei all den Dingen, die Dich an diesem Tag erwarten. Deine Gedanken sind überall, nur nicht in der Situation, in der Du gerade bist. Dein Partner ist inzwischen auch aufgestanden und hat für Euch beide Kaffee gekocht. Du schüttest den Kaffee hinunter, wendest Dich dann zur Tür, rufst ihm aber immerhin noch „Tschüss, Schatz, bis heute Abend, ich liebe Dich“ zu. Er erwidert teilnahmslos „Ja, ich Dich auch“. Ist das achtsamer Umgang mit dem Partner? Ist das die Art und Weise, jemandem „Ich liebe Dich“ zu sagen? Ganz sicher nicht!

Wenn Du Dich wiedererkannt hast – dann ist es höchste Zeit, Dein Verhalten zu ändern. Geh achtsam mit den Worten um, die aus Deinem Mund kommen. Sag nichts einfach nur so dahin, ohne es zu meinen. Achte auch auf Deine Körpersprache. Wende Dich Deinem Gegenüber zu – in jeder Hinsicht. Mit den Augen, mit der Körperhaltung, mit den Worten und – ganz wichtig! – mit den Gedanken.

Wenn der andere redet, dann höre zu. Achte auf die Körpersprache des anderen. Schau dem anderen in die Augen. Das Smartphone während einer Unterhaltung sollte tabu sein, außer in Notfällen.

Wenn Du selbst redest, wäge Deine Worte sorgfältig ab. Atme bewusst und bleib in Deiner Mitte. Lausche Deinen eigenen Worten hinterher.

Es geht mir hier nicht darum, Dir zu erklären, den anderen nicht zu unterbrechen oder ins Wort zu fallen. Das ist selbstverständlich. Mir geht es darum, Dir ein anderes Level der Konversation aufzuzeigen – das der Achtsamkeit.

Sei mitfühlend

Zum achtsamen Umgang mit anderen Menschen zählt auch Mitgefühl. Sei mitfühlend – und das meine ich ganz wörtlich. Lerne mit-zu-fühlen, was der andere fühlt. Das gilt auch und vielleicht besonders in Situationen, die nicht unbedingt von Harmonie geprägt sind.

Beispiel: Hast Du schon einmal mit Deinem Partner gestritten und warst – trotz der Wut dieses Moments – mitfühlend? Mitfühlend, dass Dein Partner gerade leidet, dass er gerade Ängste hat und sicher auch Zorn. Dass es ihm nicht gut geht mit diesem Streit.

Hast Du schon mal Deinem Kind verboten, sich das dritte Eis zu holen und hast Mitgefühl empfunden, weil Du ihm einen Wunsch versagst und weil es traurig und enttäuscht ist? Obwohl Du natürlich sicher bist, das Richtige zu tun, denn Du willst Dein Kind ja vor Diabetes, Zuckersucht und Übergewicht bewahren.

Begegne Deinen Mitmenschen mit Mitgefühl – lerne Ihre Empfindungen und Gefühle in ihrer vollen Bandbreite mitzuerleben. Das gilt für Menschen, die Du bereits lange kennst genauso wie für Unbekannte.

Hab Mitgefühl und habe Geduld! Und wenn Deine betagte Mutter, deren Gedächtnis immer mehr nachlässt, Dich zum dritten Mal in fünf Minuten fragt, wo die Gläser in der Küche stehen oder welche Klasse ihre Enkeltochter eigentlich besucht – bleib geduldig. Gib ihr liebevoll jedes Mal dieselbe Antwort.

10

Ein ganz wichtiger Aspekt der Achtsamkeit – Sei dankbar!

Wie oft am Tag sagst Du Danke? Sehr oft, nehme ich an. Schließlich haben Deine Eltern Dir ja beigebracht, immer freundlich und höflich zu sein und „Bitte“ und „Danke“ zu sagen. Aber wann hast Du das letzte Mal wirklich aus vollem Herzen „Danke“ gesagt und es genau so gemeint? Wann hast Du das letzte Mal wirklich und ehrlich Dankbarkeit für etwas empfunden? Für einen anderen Menschen, für ein nettes Kompliment, für irgendetwas Alltägliches wie den morgendlichen Kaffee, den wunderschönen Baum in goldenen Herbstfarben auf dem Weg zur Arbeit, für den netten Gruß des Kollegen im Aufzug?

Dankbarkeit ist eine Lebenshaltung, und sie gehört untrennbar zu einem achtsamen Leben dazu. Eine dankbare Haltung kann unser Lebensgefühl und unser Glücksempfinden deutlich verbessern. Wer dankbar ist, akzeptiert und achtet sein Leben, anstatt ständig etwas vermeintlich Besserem hinterherzujagen – sei es der besser bezahlte Job, das größere Haus, die teureren Klamotten.

Studien haben gezeigt, dass dankbare Menschen entspannter, spiritueller, weniger egoistisch und weniger materialistisch sind. In unserer modernen Welt steht fast jeder unter ständigem Druck – im Berufsleben sowieso, oft aber auch im Privatleben. Wer dankbar ist, hat deutlich mehr innere Kraft, diesem Druck zu begegnen und in seiner Mitte zu bleiben.

Dankbare Menschen haben mehr beruflichen Erfolg. Sie können besser netzwerken und kommunizieren. Eine dankbare Haltung zahlt sich auf jeden Fall in der Führung eines Unternehmens oder einer Abteilung aus. Das hat sicher jeder von uns in seinem Job schon einmal erlebt – man ackert den ganzen Tag, man macht Überstunden, um Deadlines einzuhalten und bekommt als Lohn im besten Fall Ignoranz, im schlechtesten Fall auch noch Kritik und Nörgelei. Es dauert nicht lange, und die beste Motivation ist im Keller, oder? Mit ein bisschen Glück hast Du aber auch schon das Gegenteil erlebt – dass Deine Arbeit geschätzt und geachtet wurde, dass Dein Vorgesetzter Dir das auch zeigte, indem er Dir dafür dankt – sei es einfach mit anerkennenden Worten oder auch hin und wieder mit einer Prämie oder einer Gehaltserhöhung. Ganz sicher hat Dich das motiviert, noch besser zu werden, noch mehr im Job zu leisten, richtig? Daran kann man sehen, welches Potential in einer dankbaren Haltung steckt! Wenn einfach alle Unternehmen und alle Vorgesetzten eine „Politik der Dankbarkeit" zu ihrer Firmenphilosophie machen würden – die Arbeitsatmosphäre wäre viel angenehmer, und die Produktivität und Motivation könnten unglaublich gesteigert werden! Es ist einfach unglaublich wichtig, bei der Arbeit Lob, Anerkennung und Dank zu bekommen!

Ebenfalls wurde in umfangreichen Studien nachgewiesen, dass eine dankbare Haltung deutlich die Gesundheit verbessern kann. Dankbare Menschen leiden deutlich seltener unter Depressionen, Angststörungen und schlafen besser und länger. Auch ich litt jahrelang unter Schlafstörungen. Seit Dankbarkeitsrituale Teil meines Alltags sind, sind diese wie weggeblasen.

Eine dankbare Haltung kannst Du erlernen. Nimm Dir jeden Morgen und jeden Abend ein paar Minuten Zeit für ein Dankbarkeitsritual. Such Dir für jedes Ritual drei Dinge aus, für die Du dankbar bist. Das muss nichts „Großes“ oder „Besonderes“ sein. Das kann z. B. Dein Auto sein – auch wenn es kein schicker „Schlitten“ ist, es gibt Dir Freiheit und Unabhängigkeit und die Möglichkeit, Dich jederzeit von A nach B zu bringen.

Du kannst dankbar sein für das Wasser, das ganz selbstverständlich in der gewünschten Temperatur aus dem Hahn kommt. Wenn ich schreibe „selbstverständlich“, dann meine ich das Land bzw. die Welt, in der wir hier in Europa leben – es gibt Regionen auf unserem Planeten, wo es damit ganz anders aussieht! Grund, dankbar zu sein, findest Du nicht?

Oder sei dankbar, wenn Du auf dem Weg zur Arbeit etwas besonders Schönes siehst – vielleicht ein besonders hübsches Fachwerkhaus oder eine Kirche? Oder Dein Arbeitsweg führt Dich gar durch einen Park mit alten Bäumen und schönen Blumen? Nimm Dir einfach die Zeit, jeden Tag für drei Dinge aus Deinem Leben zu danken. Du wirst sehen, dass Du innerhalb kurzer Zeit viel entspannter und zufriedener werden wirst.

Und sag einfach öfter Danke und meine es auch wirklich so! Warum nicht mal der Kassiererin im Supermarkt dafür Danke sagen, dass Sie ihren sicher nicht immer einfachen Job zügig, gut und auch noch freundlich und lächelnd erledigt. Sag Deinem Partner aufrichtig Danke, wenn er etwas gekocht hat oder die Waschmaschine repariert hat.

Hier noch ein paar Anregungen für Dinge, die Du in Dein tägliches Dankbarkeitsritual einbeziehen kannst. Das sind wie gesagt nur Inspirationen, es gibt unendlich viele Dinge, für die Du dankbar sein kannst und solltest.

1. Deine Familie

Wenn Du eine intakte Familie Dein eigen nennst, ist das ein Grund, sehr sehr dankbar zu sein. Du bist nicht allein, es gibt einen Partner, der Dich unterstützt und Dir den Rücken freihält. Du hast Kinder – für alle Eltern stellt die Existenz ihrer Kinder das größte Glück dar und der Gedanke, die Kinder zu verlieren, die allergrößte Angst. Vielleicht hast Du auch noch Eltern – die beiden Menschen, die Dir Dein Leben schenkten, die Dir das Laufen und Sprechen beibrachten, tapfer und geduldig Deine Launen und Eskapaden als Teenager ertrugen? Die Dich vielleicht jetzt bei der Erziehung Deiner eigenen Kinder mit viel Weisheit unterstützen? Sei dankbar für Deine Familie!

2. Dein Job

Auch wenn Du manchmal genervt bist von der immer gleichen Tretmühle, von den Launen Deines Chefs, vom Getratsche Deiner Kollegin – sei froh und dankbar, dass Du einen Job hast. Er gibt Dir die Möglichkeit, Dein Leben ohne Unterstützung zu bestreiten, er sorgt für die nötigen Versicherungen und gibt Deinem Leben Struktur. Sei dankbar für Deinen Job!

3. Ausreichend Geld

Was heißt schon ausreichend Geld? Reicht es jemals aus? Will nicht jeder, der kein Geld hat, welches haben und jeder, der welches hat, immer mehr haben? Geld erzeugt viel Neid und Missgunst. Es gibt immer jemanden, der mehr hat, der sich das schickere Auto, das größerer Haus, den exotischeren Urlaub leisten kann. Andererseits leben in Deutschland 13 Millionen Menschen an der Grenze zur Armut und damit in ständiger Sorge, ob die Miete überwiesen werden kann, ob die Stromrechnung gezahlt werden kann und ob man die letzten Tage des Monats wieder nur von Nudeln mit Ketchup leben muss. Von „richtiger" Armut in der Dritten Welt will ich jetzt mal gar nicht reden. Deshalb: Du hast ausreichend Geld, wenn Du Deine Miete und andere Fixkosten zahlen kannst, wenn Dein Kühlschrank gefüllt ist und Du Dir regelmäßig neue Klamotten und Freizeitartikel wie Bücher oder Computerzubehör kaufen kannst. Wenn dem so ist, hast Du allen Grund, dankbar zu sein!

4. Sonne

Ohne Sonne kein Leben. Die Pflanzen brauchen sie, um unseren lebenswichtigen Sauerstoff zu produzieren. Sonne schenkt Licht, und Sonne schenkt Wärme. Viele Menschen werden im Winter trübsinnig oder gar depressiv, weil ihnen das Sonnenlicht fehlt. In Skandinavien feiert man die Sonne, wenn sie am höchsten steht. Seien wir dankbar, dass die Sonne über uns scheint!

5. Regen

Viele Menschen verkriechen sich bei Regen in ihre vier Wände und warten, bis er vorübergeht. Ich nicht – ich liebe es, durch den Regen zu spazieren. Es gibt keinen schöneren Duft für mich als der Geruch der Luft nach einem Sommergewitter. Und eines der schönsten Naturschauspiele ist der Regenbogen. Regen ist wichtig für das Wachstum der Pflanzen. In Ländern, in denen es nur sehr selten regnet, bitten die Menschen die Götter um Regen. Werden die Bitten erhört, bringen sie Opfergaben aus Dankbarkeit. Also haben auch wir allen Grund, für Regen zu danken!

6. Zeit

Die australische Palliativ-Krankenpflegerin Bronnie Ware hat ein Buch veröffentlicht mit dem Namen „The Top Five Regrets of the Dying", was bedeutet „Die fünf Dinge, die Sterbende am meisten bereuen". Da geht es um Bedauern und Reue, nicht das Leben gelebt zu haben, das man sich erträumt hatte und Trauer und Schmerz darüber, dass diese Erkenntnis erst dann kam, als es zu spät war. Unsere Zeit auf Erden ist begrenzt. Sei dankbar für Deine Zeit und nutze sie weise!

7. Ein Dach über dem Kopf

Es ist nicht selbstverständlich, nach einem anstrengenden Tag die Tür hinter sich zumachen und sich in seinen eigenen vier Wänden ausruhen zu können. Nicht jeder hat eine eigene Wohnung oder ein eigenes Haus. Und Obdachlosigkeit kann jeden treffen. Halt beim Verlassen und beim Betreten Deines Domizils kurz inne und nimm Dir ein paar Minuten, um dafür zu danken.

8. Das Internet

Bei so vielen Dingen frage ich mich, wie waren diese früher eigentlich möglich? Mit „früher" meine ich die Zeit vor dem World Wide Web. Man mag kaum glauben, dass es dieses erst seit einem Vierteljahrhundert gibt. Wie funktionierte eigentlich vorher eine Flugbuchung oder das Mieten eines Ferienhauses? Das Internet bietet ungeahnte Möglichkeiten. Sei dankbar dafür!

9. Deine Talente

Was sind Deine besonderen Gaben, Deine Talente? Bei mir sind es die Sprachen. Ich lerne schnell Fremdsprachen, und ich kann gut schreiben. Und ich habe das große Glück, dass ich mit meinem Talent meinen Lebensunterhalt verdienen kann. Wo liegt Dein Talent? Musik? Sport? Nutze Deine Gaben und sei dankbar dafür!

10. Dein Leben

Und zum Schluss noch etwas ganz Wichtiges: Sei dankbar für Dich selbst und Dein Leben! Du bist einzigartig und unwiederholbar. Ein Unikat! Ein weiterer guter Grund, dankbar zu sein!

Wie gesagt – das waren ein paar Beispiele bzw. Anregungen. Finde nach und nach selbst heraus, welches Dinge sind, für die Du dankbar sein kannst und integriere sie in Dein tägliches Ritual.

11

Achtsamkeit für Anfänger - Einfache Achtsamkeits-Übungen und Praktiken

So, nun möchte ich endlich in medias res gehen und Dir einige einfache und schnelle Achtsamkeitsübungen und –techniken vorstellen.

Das achtsame Atmen

Achtsames Atmen heißt, dass Du Dir jedes Atemzugs, den Du ein- bzw. ausatmest, bewusst bist. Wenn Du Deinen Fokus auf die Atmung richtest, werden Deine unruhigen und umherirrenden Gedanken zur Ruhe kommen. Dein Atem ist nun Gegenstand Deiner ganzen Konzentration. Wenn Du die Übung des achtsamen Atmens regelmäßig durchführst, wirst Du mehr Kontrolle über Dein Leben erlangen, weil Du in der Kraft des Augenblicks lebst.

Verfolge jeden Atemzug, wie er in Deinen Körper fließt und ihn wieder verlässt. Konzentriere Dich darauf, wie die Luft sich anfühlt. Empfindest Du sie als warm oder eher kühl? Achte darauf, wie Deine Brust und Dein Bauch sich beim Einatmen ausdehnen und beim Ausatmen wieder zusammenziehen. Wenn Deine Gedanken während dieser Übung abschweifen, hol sie zurück und konzentriere Dich wieder auf das Atmen.

Die achtsame Hand

Schließ Deine Hände ineinander und halte fünf bis zehn Sekunden diese Position. Lockere die Hände und spüre, wie sie sich anfühlen. Wiederhole das Ganze, so häufig wie Du möchtest.

Der Tastsinn

Streichele über Deinen Unterarm. Fühle die Berührung. Fühle, wie jedes einzelne Härchen mit der Berührung mitgeht.

Kneif Dir anschließend in den Arm oder in den Oberschenkel. Spür den Schmerz an der Stelle, wo Du kneifst und wie weit er sich ausbreitet. Diese Übung kann Dir viel über Dein Schmerzempfinden zeigen. Macht Schmerz Dir Angst, macht er Dich wütend?

Achtsames Zuhören

Mach irgendwann in Deinen Tagesaktivitäten eine kurze Pause für diese Übung. Höre auf das, was sich in Deiner Umgebung abspielt. Was hörst Du? Sind es Vögel, die im Baum vor Deinem Fenster zwitschern? Hörst Du das leise monotone Summen Deines Computers? Oder hörst Du in der Ferne ein Flugzeug starten? Nur wenige Minuten achtsamen Zuhörens gibt Dir sehr viel Frieden und Gelassenheit.

10 Sekunden absolute Konzentration

Wenn wir uns konzentrieren, bringen wir die unruhigen Gedanken in uns zur Ruhe. Nimm Dir mehrmals am Tag Zeit für diese Übung, besonders in hektischen Zeiten. Schließ Deine Augen und zähle langsam bis 10. Wenn Deine Gedanken abschweifen, beginne erneut bei Eins. Du wirst sehen, dass diese Übung am Anfang so aussehen wird: „Eins... Zwei... Drei... Vier... Fünf... wann war nochmal der Zahnarzttermin morgen? Oh Mist... ich hab die Übung unterbrochen... " oder: „Eins... Zwei... Drei... shit, es regnet schon wieder, dabei war doch Sonnenschein angesagt... Mist... wieder unterbrochen... "

Das ist nicht schlimm. Achtsamkeit lernt man nicht an einem Tag. Hab Geduld. Bald wirst Du die Übung ohne Unterbrechung schaffen.

Eine olfaktorische Reise

Riech an etwas, was stark duftet.... an einem Parfum oder einem Gewürz. Auch eine Blume eignet sich sehr gut. Achte genau auf die Empfindungen in Deiner Nase und welche Gefühle diese Düfte hervorrufen.

Stille spüren

Verbringe eine Stunde oder zwei in kompletter Stille. Das könnte unter Umständen gar nicht so einfach sein. Wenn Du keine Möglichkeit hast, Dir eine Umgebung absoluter Stille zu verschaffen, benutze Oropax. Nimm ganz bewusst auf, was um Dich herum passiert.

Die Ich-Übung

Mach Dir bewusst, wie oft in einem Satz Du das Wort „Ich“ verwendest. Wie oft sagst Du es? Wie viele Sätze - gesprochen oder geschrieben - beginnst Du mit „Ich“? Kannst Du daraus Rückschlüsse auf Dein Wesen ziehen?

Die Verschmelzungs-Übung

Setz Dich hin und entspann Dich. Stell Dir vor, dass Du mit allem, was um Dich herum ist, verschmilzt. Wenn Du diese Übung längere Zeit ausübst, wirst Du Dich mit allem, was Dich umgibt, eins fühlen.

Deine ungeteilte Aufmerksamkeit

Mach irgendetwas im Haus, was Du noch nie vorher getan hast. Tu es mit absoluter, totaler und ungeteilter Aufmerksamkeit.

Nun mach etwas, was Du jeden Tag machst. Tu auch dies mit absoluter, totaler und ungeteilter Aufmerksamkeit.

Eine Pause für Dein Gehirn

Den ganzen Tag „machen“ wir irgendetwas. Oft ohne Unterbrechung. Wir checken fast pausenlos E-Mails, SMS oder Whatsapp-Nachrichten, telefonieren und erledigen nebenbei Arbeit und Haushalt. Gib Deinem Gehirn ab und zu eine Pause. Öffne das Fenster und atme tief und bewusst die frische Luft ein. Beobachte genau, was Du draußen siehst. Wolken, die vorbeiziehen, bunte Blätter, die von den Bäumen fallen, Autos, die vorüberfahren, Menschen, die vorbeihasten. Vielleicht hast Du das Glück, Dich an einem Gewässer zu befinden, dann beobachte die Stille des Sees oder das Plätschern des Flusses. Tauche bewusst in den Moment ein. Genieße, was Du sehen kannst, was immer es auch ist.

Sei achtsam beim und mit dem Essen

Essen bedeutet Energie. Essen ist überlebenswichtig. Aber Essen ist auch Genuss und Sinnlichkeit. Schling es nicht achtlos hinunter. Schau es Dir an, wie schön es angerichtet ist, spüre, wie wundervoll es duftet. Und dann fühle es im Mund, auf der Zunge, jede Faser, jede Geschmacksnuance. Lass Dich nicht von TV oder Internet ablenken. Konzentriere Dich nur auf das, was Du tust – Essen.

Achtsames Laufen

Laufen ist auch etwas, das wir normalerweise nicht bewusst tun. Auch dies nehmen wir als selbstverständlich hin. Dass es das nicht ist, wird uns erst bewusst, wenn wir auf den Rollstuhl angewiesen sind oder vielleicht wegen eines gebrochenen Fußes einige Zeit nicht oder nicht richtig laufen können. Mach auch das Laufen zu einer Achtsamkeitsübung. Such Dir eine gerade Fläche – das kann draußen sein oder aber auch im Haus. Stell Dich an den Anfang dieser Strecke, die Füße parallel, die Knie ganz leicht gebeugt. Konzentriere dein Bewusstsein auf Deine Fersen, fühle ihre Verbindung zum Boden. Spüre das Gewicht Deines Körpers auf den Füßen. Hebe zuerst den linken Fuß langsam und registriere dabei jeden Muskel, den Du dazu benötigst. Konzentriere Dich nun auf das rechte Bein, auf das Du das gesamte Gewicht verlagert hast. Setze nun bewusst den linken Fuß auf den Boden. Wiederhole die Übung mit dem rechten Fuß. Lauf so langsam und bewusst die Strecke ab. Spüre den Boden unter Deinen Füßen, konzentrier Dich auf Deine Atmung, wie sie sich verändert, wenn Du schneller oder langsamer läufst. Das Tolle daran ist - diese Übung kannst Du überall ausüben – zu Hause, auf dem Weg zur Arbeit, beim Einkaufen, beim Spazieren im Wald.

12

Achtsamkeit für Fortgeschrittene – Techniken und Übungen

Der Body-Scan

Diese Übung dient dazu, Deine Bewusstheit für Deinen Körper, für jeden einzelnen Teil zu stärken. Diese Übung führst Du am besten im Liegen aus. Nimm Dir Zeit, diese Übung kann bis zu 30 Minuten dauern.

Such Dir einen ruhigen Platz, wo Du ungestört bist. Leg Dich mit ausgestreckten Beinen auf den Boden und finde eine bequeme Position. Halt die Arme entspannt dicht am Körper, die Handflächen zeigen nach oben.

Atme ruhig, und dann konzentriere Dich auf Deinen Körper. Fang mit dem großen Zeh an und wandere langsam Richtung Kopf. Richte Deine Aufmerksamkeit konzentriert auf jeden einzelnen Körperteil, wie er sich anfühlt. Atme weiter ruhig ein und aus.

Eine musikalische Übung

Ziel dieser Übung ist, Deine Ohren zu öffnen und Deine Aufmerksamkeit für die Welt da draußen zu schärfen.

Such Dir einen ungestörten Platz, setz Dich entspannt auf den Boden oder auf einen bequemen Stuhl.

Hör Dir ein Musikstück oder ein Lied an, das Du noch nie gehört hast. Schließe Deine Augen beim Zuhören. Konzentrier Dich ganz auf die Musik, lass Sie auf Dich wirken. Erlaube Dir, Dich in ihr zu verlieren. Was empfindest Du?

Oder: Hör Dir Dein Lieblingslied an und achte genau darauf, was es in Dir auslöst. Welche Gefühle kommen auf? Welche Erinnerungen verbindest Du mit diesem Lied? Verbinde Dich mit diesen Emotionen und sei offen dafür, wohin sie dich führen.

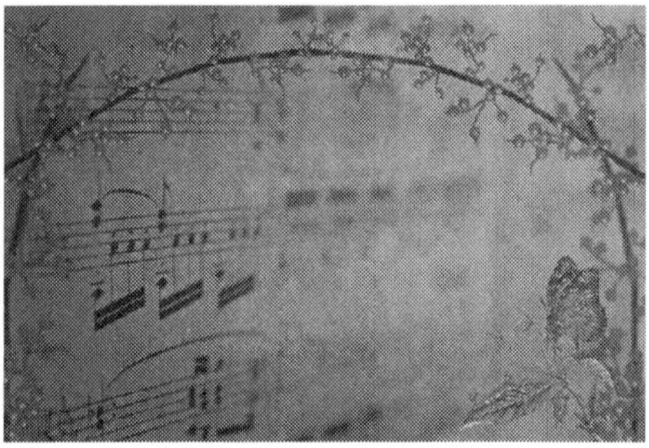

Das Spiel mit den Fünf

Diese Übung kannst Du sehr gut in Deinen Alltag integrieren. Ziel ist, fünf alltägliche Dinge wahrzunehmen, die Du normalerweise nicht mehr wahrnimmst, weil sie einfach zu sehr zu Deiner täglichen Routine gehören. Dies können Dinge sein, die Du sehen, hören, fühlen, schmecken oder riechen kannst – ganz egal. Es kann der Schlüssel sein, mit dem Du jeden Tag Dein Haus verlässt und betrittst, es kann der Geruch Deines Gartenschuppens sein, der Geschmack von Zahnpasta, das

Quietschen der Haustür, das Gefühl des Wassers auf der Haut beim Duschen... oder oder oder... wie gesagt, such Dir fünf Sachen aus, idealerweise eine für jeden Sinn.

Bist Du Dir wirklich bewusst, wie der Alltagsgegenstand aussieht, sich anfühlt, riecht... ? Schätzt Du diesen Gegenstand oder diesen Geruch/Geschmack? Hast Du schon mal darüber nachgedacht, wie Dein Alltag ohne diese Sache aussähe? Diese Übung kannst Du täglich mit fünf anderen Dingen wiederholen.

Dein eigenes Barometer

Bestimme einen bestimmten Teil Deines Körpers, der bei Dir besonders empfindlich auf Stress, Probleme oder auch Angstsituationen reagiert. Nehmen wir als Beispiel die Bauchregion.

Wenn Du diese Körperregion lokalisiert hast, dann kann das Dein „Körperbarometer“ werden, das Du jederzeit „einschalten“ bzw. „einstellen“ kannst. Damit kannst Du zu jeder Tageszeit und in jeder Situation dort Deine Gefühle ablesen. Wenn Du gestresst bist, wirst Du Gefühle wie Anspannung, Unbehagen oder auch Angst feststellen. Je nach Intensität werden diese Gefühle stark oder nicht ganz so stark sein. Sie können sich verändern, wenn Du Deine Aufmerksamkeit auf sie richtest.

Wenn Du einige Erfahrung mit Deinem Körperbarometer gemacht hast, wirst Du immer subtilere Gefühle darin ablesen können und somit immer detailliertere Informationen bekommen, wie Du Dich fühlst, und zwar lange bevor Dir diese Gefühle bewusst werden.

Jedes Mal, wenn Du Dein Körperbarometer einschaltest, kannst Du eine Atemübung machen, die Dir hilft, mit negativen Gefühlen und Unbehagen fertig zu werden. Wichtig ist, die negativen Gefühle nicht zu werten, sondern sie einfach zu lassen und zu akzeptieren.

Die Übung mit der Weintraube

Mit dieser Technik kannst Du sehr gut all Deine Sinne nutzen – Sehen, Hören, Fühlen, Schmecken und Riechen.

Such Dir wie immer einen ungestörten Platz in Deinem Haus. Setz Dich an den Rand eines bequemen Stuhls, der Rücken sollte nicht angelehnt sein. Die Hände liegen wieder auf Deinen Oberschenkeln, die Handflächen zeigen nach oben. Atme ganz langsam durch die Nase ein, fühle wie die Luft die Nasenlöcher füllt, dann die Lungen und den Bauchraum. Atme langsam durch den Mund aus, Dein Körper bleibt dabei völlig entspannt.

Nimm nun eine Weintraube in die Hand – das ist nur ein Beispiel, es geht auch eine andere kleine Frucht. Halte Dir die Weintraube vor das Gesicht und betrachte sie. Nimm jede Einzelheit wahr – ihre Form, ihre Größe, die Farbe, die Struktur. Roll sie zwischen Deinen Fingern, nimm wahr, wie sie sich zwischen ihnen anfühlt, wie sie sich bewegt. Dann führ sie an Deine Nase und nimm ihren Duft wahr, jeden einzelnen Aspekt ihres Duftes. Nimm sie schließlich in den Mund, rolle sie auf Deiner Zunge hin und her, achte auf ihren Geschmack und wie sie sich in Deinem Mund bewegt. Kau sie schließlich langsam und bewusst, und fühl am Ende, wie es sich anfühlt, wenn sie in Deinen Magen gelangt. Atme tief und entspannt weiter, bevor Du die Übung beendest.

Achtsame Begegnung mit der Umwelt

Diese Übung soll Deine Bewusstheit der Natur um Dich herum verbessern. Viele schöne Dinge in dieser Welt nehmen wir nicht mehr oder kaum noch wahr in unserem hektischen Alltag. Hiermit kannst Du Deine Aufmerksamkeit wieder auf die Schönheit dieses Planeten lenken.

Such Dir einen ruhigen Platz draußen in der Natur - an einem See, im Wald, an einem einsamen Strand. Setz Dich in bequemer Haltung auf den Boden, kreuze Deine Beine, leg Deine Hände mit Blick zum Himmel darauf. Nun such Dir etwas, das Du betrachten kannst - es kann eine Pflanze sein, ein Baum, ein Tier, eine Wolke... ganz wie Du magst. Betrachte das Objekt ein oder zwei Minuten, nimm auch das kleinste Detail in Dir auf - wie es aussieht, wie es sich bewegt, wie es mit dem Rest der Welt interagiert. Schau z. B. einen Baum an, als würdest Du das erste Mal in Deinem Leben einen Baum sehen, erforsche jeden Aspekt seines Seins mit den Augen, lass Dich von seiner Gegenwart aufsaugen.

Atme langsam ein und aus und erlaube Deinem Geist, Dich mit dem Objekt dieser Übung zu verbinden. Wiederhole das Spiel mit etwas anderem in Deinem Blickfeld.

Lebe im Jetzt

Du erledigst Deine tägliche Routine und bist dabei so sehr im Autopilot-Modus, dass Deine Gedanken die meiste Zeit sonst wo sind, nur nicht bei dem was Du gerade tust. Richtig? Diese Übung wird dir helfen, wieder zu lernen, alles was Du tust, bewusst zu tun.

Such dir für diese Übung einen Teil Deiner Alltagsroutine aus - z. B. Bügeln oder Küche putzen. Nimm jeden einzelnen Aspekt dieser Tätigkeiten wahr. Fokussiere nun all Deine Aufmerksamkeit auf diese banale

Tätigkeit, was dabei für Geräusche entstehen, wie sich z. B. das Bügeleisen anfühlt, wie die Dinge genau aussehen in allen Details. Achte auf Deinen Körper während dieser Tätigkeit, welche Muskeln benötigst Du, wie arbeiten die Muskeln zusammen? Erlebe jeden einzelnen Moment dieser Tätigkeit - von Anfang bis Ende.

Achtsamkeitsübung für Andere

Achtsames Leben bedeutet nicht nur, Deine Bewusstheit für Dich selbst und Deine Gedanken zu erweitern, es bedeutet auch, mehr Sensibilität und Mitgefühl für unsere Mitmenschen zu entwickeln. Dafür kann die folgende Übung sehr nützlich sein:

Such Dir wie immer einen ruhigen Ort, Du kannst diese Übung im Sitzen oder Liegen durchführen. Lass während der Übung Musik laufen, eine, die Dich emotional anspricht. Atme tief ein und aus, erlaube Deinen Gedanken, sich auf eine Person, die Dir viel bedeutet, zu fokussieren. Umgib diese Person mit liebevoller Güte, Mitgefühl und mit aufrichtigem Interesse. Während Du weiter entspannt atmest, stell Dir vor, dass Du diese Person mit einer Aura von Güte und Wärme umgibst.

Dann richte diese Gedanken auf die auserwählte Person:

- Er/sie möge Frieden finden.
- Er/sie möge sich von seinen Sorgen befreien können.
- Er/sie möge Glück und Freude finden.
- Er/sie möge die Kraft haben, mit Schwierigkeiten fertigzuwerden.

Atme weiter tief und entspannt ein und aus, behalte diesen Menschen in Deinen Gedanken. Wie fühlt sich so eine Anteilnahme an? Ist Dein Körper entspannter, Dein Geist klarer? Welche anderen Empfindungen kommen im Zusammenhang mit diesem Menschen noch bei Dir an?

Nun richte genau diese liebevollen und mitfühlenden Gedanken an Dich selbst:

- Möge ich Frieden finden.
- Möge ich mich von meinen Sorgen befreien können.
- Möge ich Glück und Freude finden.
- Möge ich die Kraft haben, mit Schwierigkeiten fertigzuwerden.

Konzentriere Dich abschließend noch für ein paar Augenblicke auf Dein Atmen und beende die Übung.

13

Meditation

„Meditation zu erlernen ist das größte Geschenk, das Sie sich in diesem Leben machen können. Denn nur durch Meditation können Sie sich aufmachen zur Entdeckung Ihrer wahren Natur. Und nur in ihr werden Sie die Stabilität und das Vertrauen finden, die nötig sind, um gut zu leben und um gut zu sterben. Meditation ist der Weg, der zur Erleuchtung führt. "
– Das tibetische Buch vom Leben und vom Sterben
- Sogyal Rinpoche

So beschreibt ein weltberühmter tibetischer Gelehrter die Meditation. Meditation ist der Weg zu unserem Selbst, der Weg in unser Inneres. In der Versunkenheit der Meditation finden wir in unsere wahre Natur, die wir in der Hektik des Alltags nur leider allzu oft verlieren. Die Meditation ist eine wunderbare Möglichkeit, dorthin zu zurückzukehren. So können wir unser eigentliches Wesen fernab von den Ablenkungen des Alltags erfahren.

Was heißt Meditation? Das Wort stammt vom lateinischen Verb meditare ab, dies bedeutet so viel wie nachdenken, sinnen oder auch sich vorbereiten. Ziel des Meditierens ist, dass unser Geist sich durch spezielle Übungen konzentriert und zur Ruhe kommt. Aus fast allen Kulturen und sämtlichen Religionen ist die Meditation nicht wegzudenken. Im Hinduismus und Buddhismus ist Meditieren seit vielen Jahren eine Technik der Bewusstseinserweiterung. Ziel ist die Erleuchtung und das Erreichen des Nirwanas. In den monotheistischen Religionen – Christentum, Judentum und Islam – ist Ziel des Meditierens, Gott persönlich zu erfahren.

In den westlichen Ländern meditiert man nicht nur aus religiösen Gründen, sondern oft für ein erhöhtes Wohlbefinden. Meditation ist jedoch viel mehr als nur eine Entspannungstechnik. Mit ihrer Hilfe lassen sich körperliche Verspannungen lösen, man lernt sich besser zu konzentrieren und sein Bewusstsein gezielt zu steuern. Regelmäßige Meditation bringt eine grundlegende Verbesserung des körperlichen und seelischen Wohlbefindens mit sich, und wer sie erlernt und irgendwann regelmäßig praktiziert, wird sie schon bald nicht mehr missen möchten.

Mir sind hin und wieder Leute begegnet, die sich aufgrund von Vorbehalten und Missverständnissen nicht an das Meditieren „herantrauen". Deshalb möchte ich an dieser Stelle einige davon benennen und richtigstellen.

Du musst zum Meditieren absolut ruhig sein

Es ist ein verbreiteter Irrglaube, man müsse zum Meditieren absolut ruhig sein und dürfe an nichts denken. In Wirklichkeit bedeutet Achtsamkeitsmeditation, dass Du Deine Gedanken bündelst und nach innen richtest. Und dass Du sie anschließend akzeptierst und loslässt, ohne sie zu verurteilen.

Meditation ist nur etwas für religiöse und spirituelle Menschen

Zwar hat die Meditation ihren Ursprung im Buddhismus, trotzdem ist Meditieren an sich nichts Spirituelles, sondern dient zur Verbesserung des Selbstverständnisses und zu erhöhter Konzentration. Achtsamkeitsübungen bzw. Meditationen werden von Vertretern aller Kulturen, Kontinente und Glaubensrichtungen praktiziert.

Beim Meditieren verfällt man in Trance

Wahrscheinlich stellst Du Dir gerade einen alten weißhaarigen Mann in einem langen goldfarbenen Gewand vor, der entrückt Mantras aufsagt und von seiner Umgebung nichts mehr wahrnimmt. Dem ist nicht so. Du fällst beim Meditieren nicht in Trance und Du vergisst auch nicht die Welt um Dich herum. Im Gegenteil – Du wirst Dir Deiner selbst und Deines Parts in unserer Welt viel mehr bewusst.

Man meditiert, um vor seinen Problemen davonzulaufen

Die Wahrheit ist, dass die Meditation eine sehr gute Methode ist, seine Probleme zu erkennen und zu akzeptieren. Deine Konzentration wendet sich nach innen, wo Du erkennst, was nicht gut läuft, und es loslässt. Dadurch erlangst Du innere Stärke und begegnest Deinen Problemen anstelle vor ihnen davonzulaufen.

Ich hoffe, ich konnte Dir Mut machen, das Meditieren einfach einmal auszuprobieren. Als nächstes möchte ich nun auf die näheren Umstände des Meditierens eingehen.

Der richtige Platz

Such Dir einen Platz zum Meditieren, an dem Du Dich wohlfühlst. Das Licht und die Temperatur sollten angenehm und moderat sein. Wenn Du die Möglichkeit hast und es magst, halte nach einem Meditationszentrum in Deiner Nähe Ausschau. Aber Du kannst eigentlich überall meditieren, wo Du Dich wohlfühlst – zu Hause, im Garten, in der freien Natur. Wie bei allem gilt auch hier: Ausprobieren, bis Du den für Dich stimmigen Platz gefunden hast.

Die richtige Position

Meditieren kann man im Stehen, im Liegen, im Sitzen und sogar im Laufen. Probier wie immer einfach aus. Hier ein paar kleine Anleitungen:

Im Stehen: Steh aufrecht und entspannt. Die Füße sollten schulterweit auseinanderstehen. Verteile Dein Gewicht gleichmäßig. Lass die Arme entspannt hängen oder erhebe sie leicht mit den Handflächen nach oben.

Im Sitzen: Da gibt es verschiedene Varianten. Du kannst die Beine überkreuzen oder die Füße auf den Oberschenkel des jeweils anderen Beins positionieren – das ist die sogenannte Halblotus-Stellung, die sehr beliebt beim Meditieren ist. Aber auch mit ausgestreckten, leicht angewinkelten Beinen meditiert es sich sehr gut. Du solltest auf jeden Fall aufrecht sitzen und die Hände leicht öffnen.

Im Laufen: Mir persönlich gefällt Achtsamkeits-Meditation am besten beim Laufen. Sie hat die meisten Vorteile und ist am einfachsten in den Alltag zu integrieren. Am besten suchst Du Dir einen ruhigen Ort, um im Laufen zu meditieren, aber es geht im Prinzip überall. Lauf in einem ruhigen Schritt, nicht nur vorwärts, auch mal rückwärts. Lass die

Arme entspannt herunterhängen oder klatsch hin und wieder leicht in die Hände.

Die Atmung

Ein ganz wichtiger Punkt beim Meditieren ist das Atmen. Atmung erweitert Dein Bewusstsein. Nahezu alle Meditationen erfordern tiefes und bewusstes Ein- und Ausatmen. Eine richtige Atmung entspannt den Körper und bereitete ihn auf das bewusste Erleben aller Sinne vor. Atme tief ein, halte die Luft eine Weile, solange es Dir angenehm ist, dann atme aus. Setze diese Technik fort, und Dein Körper wird sich entspannen.

Beispiele

Das A und O einer erfolgreichen Meditation ist die bewusste Atmung, deshalb möchte ich mit einer Atem-Meditation beginnen – der 3 Minuten Sandhur-Atem-Meditation. Die 3 Minuten-Sanduhr-Atem-Meditation ist nur sehr kurz, aber sehr wirkungsvoll.

Drei Minuten Sanduhr-Meditation 58
Die Sanduhr-Form der Atempause 59
Blumen-Meditation 61
Wasser-Meditation 61
Licht-Meditation 61
Steinmeditation 62
Geh-Meditation 63
Schokoladen-Meditation 64
Feuer-Meditation 65

Drei Minuten Sanduhr-Meditation

Schritt 1: Bewusstwerdung

Begib Dich in eine bequeme aufrechte Position das kann sitzend aber auch stehend sein. Schließ Deine Augen. Dann lenke Dein Bewusstsein auf Dein inneres Wissen und Deine innere Erfahrung. Frag Dich selbst: Was erfahr ich – genau jetzt, zu diesem Zeitpunkt?

- Welche Gedanken gehen Durch Dein Bewusstsein? Würdige Deine Gedanken so gut Du kannst, als geistige Ereignisse.
- Was für Gefühle hast Du? Wende Dich all Deinen negativen und unangenehmen Gefühlen zu. Akzeptiere sie, ohne sie zu bewerten. Versuch nicht, sie in etwas anderes zu verwandeln, als Du gerade empfindest.
- Welche körperlichen Empfindungen erlebst Du jetzt? Gehe gedanklich über Deinen Körper und stelle fest, ob Du irgendwo ein Gefühl der Verspannung hast oder auch der Enge. Akzeptiere auch diese Empfindungen, und akzeptiere sie so wie sie sind. Versuche nicht, Deine Empfindungen zu ändern.

Schritt 2: Sammle und konzentriere Deine Konzentration

Als nächsten Schritt, lenke Deine Aufmerksamkeit auf einen kleinen Punkt in der körperlichen Wahrnehmung Deiner Atmung, bewege Dich in Richtung der körperlichen Atemerfahrungen weg vom Brustbereich hin in den Bereich des Bauches. Stell Dir vor, dass Du Dich ausdehnst, wenn der Atem hereinkommt und dass die Ausdehnung wieder nachlässt, wenn der Atem Deinen Körper wieder verlässt. Verfolge Deinen Atem den ganzen Weg in Deinen Körper und wieder hinaus. Nutze jeden Atemzug, um Dich selbst in der Gegenwart zu verankern. Sollten Deine

Gedanken abschweifen und auf Wanderschaft gehen, hol sie sanft zurück und konzentriere Dich wieder auf den Atem.

Schritt 3: Erweitere Deine Aufmerksamkeit

Erweitere nun Dein Bewusstsein über das Atmen hinaus, schließe Deinen ganzen Körper, Deine Mimik, Gestik darin ein. Stell Dir vor, Dein ganzer Körper atmet. Wenn Du Gefühle wie Anspannung oder Unbehagen empfindest, richte Deinen Fokus auf den Gedanken, dass Dein Atem auch in diese Gefühle einfließt und sie durchdringt. Auf diese Weise hilfst Du Dir, diese Gefühle anzunehmen, Dich mit ihnen anzufreunden anstelle sie zu bekämpfen und zu verändern. Wenn Deine Gefühle keine Aufmerksamkeit mehr von Dir fordern, richte Deinen Fokus wieder auf Dich selbst, auf Deine Umgebung – sei Dir dabei in jedem Moment Deines Atems und Deines ganzen Körpers bewusst.

Die Sanduhr-Form der Atempause

Es mag hilfreich sein, wenn Du Dein Bewusstsein während der Atempause wie die Form einer Sanduhr vorstellst. Der erste Schritt der Atempausen-Meditation ist die große Öffnung im oberen Teil der Sanduhr. Du öffnest Deine Aufmerksamkeit und Deinen Fokus und akzeptierst entspannt und friedvoll alles, was in Dein Bewusstsein fließt und alles, was es wieder verlässt.

Der zweite Schritt dieser Meditation ist der enge Hals der Sanduhr. Das ist der Zeitpunkt, wenn Du Deinen Fokus auf Deinen Atem im Unterbauch richtest. Du konzentrierst Dich auf die körperlichen Empfindungen, die das Atmen in Dir auslöst. Du führst Deine Gedanken und Deine Konzentration sanft zurück zu Deinem Atem, sollten sie sich auf Wanderschaft begeben. Dies hilft, die Gedanken zu verankern und sie in den gegenwärtigen Moment zurückzubringen.

Der dritte Schritt der Sanduhr-Meditation entspricht dem weiten Boden der Sanduhr. In diesem letzten Schritt öffnest Du Dein Bewusstsein. Das bedeutet, Du öffnest Dich dem Leben, so wie es ist, bereitest Dich auf die nächsten Momente des Tages vor. Du bist Du – sanft, aber gefestigt, Dir Deiner selbst bewusst. Du hast Deinen Platz in der Welt – mit Deinem Geist, Deinem Körper, Deiner Seele und allen Sinnen.

Die 3-Minuten-Sanduhr-Atemmeditation vereinigt die wesentlichen Elemente der Achtsamkeit in sich. Sie besteht aus den beschriebenen drei Schritten, und jeder dieser Schritte kann in etwa einer Minute durchgeführt werden. Es empfiehlt sich, diese kurze einfache Meditation zweimal täglich zu machen. Du wählst die Zeiten dafür aus, aber es ist sinnvoll, Dir dafür feste Zeiten vorzumerken, auf diese Weise wird diese Übung ein Teil Deiner täglichen Routine. Vielleicht empfiehlt es sich, diese Meditation einmal nach dem Aufstehen und einmal vor dem Schlafengehen durchzuführen. Diese Übung eignet sich übrigens auch sehr gut, um sie in einer Gruppe zu machen.

Diese Meditation hat sogar einen doppelten Effekt: Der erste und wichtige ist der, dass diese Übung Dir den Tag strukturiert, das heißt, es wird Dir leichter fallen, mit einer achtsamen und anteilnehmenden Haltung durch den Tag zu gehen, egal was Dir im Laufe dieses Tages widerfahren wird. Mit dieser Meditation löst Du negative Gedankenmuster auf, bevor diese eine zu starke Kontrolle über Dein Leben erlangen. Dies geschieht mit einiger Übung schließlich sogar, bevor Du Dir dieser negativen Gedankenmuster überhaupt bewusst wirst. Der zweite positive Effekt dieser Meditation ist, dass man sie sozusagen als „Notfall-Meditation" bezeichnen kann. Du erkennst, was geschieht wenn Du Dich unwohl oder unter Druck fühlst. Diese Atem-Meditation ermöglicht Dir einen Cut, wenn Deine Gedanken außer Kontrolle zu geraten drohen. Du lernst so, Deine Gedanken und Gefühle wieder selbst zu steuern, eine achtsame Perspektive zu erlangen und Dich selbst im Hier und Jetzt (wieder) zu verankern.

Blumen-Meditation

Nimm Dir eine Blume und betrachte sie einige Sekunden. Konzentrier Dich erst auf das Gesamtkunstwerk, dann auf ein einzelnes Blütenblatt. Richte Deine Aufmerksamkeit nach einigen Minuten nun wieder auf die gesamte Blume. Wechsle alle paar Minuten zwischen „Blütenblatt“ und „ganze Blume“. Denk dabei an nichts anderes. Sollten Deine Gedanken abschweifen, bring sie zurück zur Blume. Nun schließ die Augen und visualisiere die Blume in Deinem Innern.

Wasser-Meditation

Leg Dich bequem auf den Boden, atme tief ein und aus.

Schließ die Augen und visualisiere Dir das Meer – entweder in stürmischen Wellen oder sanftem Türkis. Das Wasser umgibt Dich vollkommen. Beim Ein- und Ausatmen breitet es sich in Deinem Körper aus. Du schwimmst frei und leicht.

Spür jetzt, wie mit jedem Atemzug die Energie des Ozeans Dich durchströmt. Atme etwas fünfzig Mal das „Wasser“ ein. Anschließend atme fünfzig Mal das „Wasser“ wieder aus. Das kühle Wasser verlässt Deinen Körper, kehre nun in die Gegenwart zurück.

Licht-Meditation

Dies ist eine gute Übung, um frische Energie zu tanken und innere Blockaden zu lösen.

Lege Dich in bequemer Haltung auf den Boden und winkle die Beine leicht an, die Fußsohlen liegen flach auf der Erde. Schließ die Augen und stell Dir vor, wie eine warme Lichtkugel über Dir schwebt. Atme dabei ruhig ein und aus. Stell Dir vor, dass bei jedem Atemzug Licht in Deinen Körper fließt. Bündele in Gedanken das Licht in Deinem Körper, stell Dir vor, dass sich eine warme Lichtkugel in Deinem ganzen Körper ausbreitet.

Steinmeditation

Mach einen Spaziergang durch den Wald oder auch am Strand entlang, wenn Du die Möglichkeit hast. Such dort Steine, die Dir gefallen und nimm sie für eine sehr schöne Meditation mit nach Hause oder an den Platz, wo Du meditieren willst.

Nimm eine Dir angenehme Position ein. Atme tief durch die Nase ein und durch den Mund wieder aus. Richte deine ganze Aufmerksamkeit auf den Stein. Welche Farbe oder Farben hat er? Was für eine Oberfläche? Welche Bruchstellen, welche Rundungen und welche Kanten weist er auf? Wonach riecht der Stein? Wie schwer ist der Stein? Schließ nun Deine Augen und erkunde den Stein mit geschlossenen Augen. Wie fühlt er sich an? Erkennst Du die Bruchstellen, Ecken und Kanten wieder? Kannst Du Deinen Stein riechen?

Nun begib Dich auf eine kleine Zeitreise mit Deinem Stein. Was glaubst Du, woher der Stein kommt? Wie alt ist Dein Stein? Was mag er bereits alles erlebt haben? Dann schau mit dem Stein in die Zukunft! Was wird mit Deinem Stein zukünftig geschehen? Wohin wird seine Reise gehen?

Nun beende die Übung und kehre in die Gegenwart zurück. Balle die Hand mit dem Stein zu einer Faust und lockere sie anschließend. Betrachte den Stein noch einmal, dann verabschiede

Dich von ihm. Du kannst ihn anschließend in einen Bach werfen und Dir vorstellen, dass er irgendwann in die Weite des Meeres gespült wird.

Geh-Meditation

Hättest Du gedacht, dass „Gehen“ Meditation sein kann? Natürlich kann man auch im Gehen meditieren. Man kann eigentlich in jeder Lebenslage meditieren – beim Laufen, beim Schwimmen, bei der Gartenarbeit... kurz bei allem, so lange wir mit vollem Bewusstsein bei der Sache sind und uns von nichts und niemandem ablenken lassen.

Die Gehmeditation ist sogar meine Lieblingsmeditation. Der große Vorteil ist, sie ist nicht an äußere Bedingungen, wie z. B. einen bestimmten Platz, gebunden, und kann deshalb überall ausgeübt werden. Wir meditieren bei zwei Dingen, die wir ohnehin mehr oder weniger ständig tun: Atmen und Gehen.

Normalerweise ist das Gehen für uns ein Mittel zum Zweck. Und zwar, wenn wir mit unseren Füßen möglichst schnell von einem Ort zum anderen gelangen wollen. Wir tun dies achtlos und unbewusst, trotten vor uns her, während unser Geist meist wie immer mit tausend Gedanken und Sorgen belastet ist.

Versuch es doch einmal anders! Mach das Gehen zu einer Meditation. Lenke Deine volle Konzentration auf den Vorgang des Gehens und des Atmens. Lass Dich nicht von Sorgen, Ängsten und anderen negativen Gedanken ablenken. Du wirst sehen, wie befreiend es ist, im wahrsten Sinne des Wortes „den Weg zum Ziel“ zu machen. Deine Gedanken werden zur Ruhe kommen mit jedem Schritt, den Du bewusst gehst. Ergebnis sind Entspannung, Frieden im Inneren und geistige Stabilität.

Beginne die Gehmeditation langsam. Ein Marathon ist für eine Meditation dann vielleicht doch etwas übertrieben. Fang zunächst mit einigen wenigen Schritten an und erweitere diese allmählich. Eigentlich spielt die Geschwindigkeit des Gehens keine Rolle, aber ich empfehle das langsame Gehen, da es eine bessere Konzentration ermöglicht. Wenn es möglich ist, geh barfuß. So kannst Du die Kraft der Erde besser aufnehmen, wirst im wahrsten Sinne des Wortes „geerdet". Wenn beim Gehen etwas Deine Aufmerksamkeit erregt, betrachte es so lange wie Du magst. Du kannst die Geh-Meditation praktisch überall ausüben – im Supermarkt, auf dem Weg vom Büro zum Meeting oder in die Kantine, an der Bushaltestelle oder zu Hause. Am besten ist es jedoch, Dir dafür einen schönen Ort zu suchen – z. B. einen Park oder Wald. Dort wirst Du die gewünschte Entspannung sicher am leichtesten erreichen.

Schokoladen-Meditation

Diese Meditation wird Dir sehr gefallen, wenn Du ein Leckermäulchen und Schokoladen-Fan bist. Alles, was Du brauchst, ist ein Stück Schokolade. Natürlich steht es Dir frei, die Sorte zu wählen. Als besonders intensiv wird diese Meditation jedoch erlebt, wenn man sich für eine Sorte entscheidet, die man entweder noch gar nicht kennt oder zumindest eine längere Zeit nicht mehr genossen hat. Wie wäre es etwa mal mit einer dieser neuen exotischen Sorten – beispielsweise mit Chili, Pfeffer oder Ingwer?

Diese Meditation musst Du – wie alle anderen Meditationen auch – langsam durchführen, trotz der verständlichen Lust auf die Köstlichkeit. Öffne zunächst die Packung und betrachte die Schokolade. Sauge ihren wunderbaren Duft ein. Dann streiche sanft mit Deinen Fingern über die ganze Tafel Schokolade.

Brich nun ein Stück ab und halte es eine Weile in Deinen Händen. Schau es genau an, nimm jede Musterung, jede Unebenheit bewusst wahr. Rieche auch an dem Stück.

Dann leg Dir das Stück auf die Zunge. Nicht zubeißen! Lass es auf der Zunge liegen. Wusstest Du, dass Schokolade mehrere hundert verschiedene Aromen besitzt? Versuche, so viele Aromen wie möglich herauszuschmecken. Konzentriere Dich ganz auf den Geschmack und die Aromen. Wenn Deine Gedanken abschweifen, hol sie sanft zurück.

Sobald die Schokolade komplett auf Deiner Zunge geschmolzen ist, schluck sie langsam und genießerisch hinunter. Was spürst Du? Spürst Du den Unterschied? Sonst schlingst Du Schokolade eher schnell herunter, richtig? Wie ist der Unterschied zum Geschmack während der Meditation. Wenn du magst – und ich bin sicher, das tust Du! – wiederhole die Übung mit einem weiteren Stück Schokolade.

Feuer-Meditation

Diese Meditation führst Du idealerweise an einem offenen Feuer durch – am Kamin oder an einem prasselnden Lagerfeuer. Begib Dich vor dem Feuer in eine bequeme Sitzposition. Schaue den züngelnden Flammen zu, atme dabei tief und gleichmäßig. Sehr bald wird sich Entspannung einstellen. Atme weiter tief ein und aus. Genieße das Gefühl der Leichtigkeit, das Du immer intensiver wahrnimmst. Spürst Du, wie beruhigend der Anblick und das Knistern des Feuers wirken? Stell Dir nun vor, wie bei jedem Ausatmen alle Ängste, Sorgen und sonstige negativen Gefühle und Gedanken Deinen Körper verlassen und in der Hitze des Feuers verglühen.

14

Wie mache ich mir Achtsamkeit zur lebenslangen Gewohnheit?

In den vergangenen Kapiteln hast Du viele gute Anregungen für ein achtsames Leben bekommen. Die schönsten und besten Tipps nützen aber nicht allzu viel, wenn man die Übungen ein- bis zweimal macht und dann wieder vergisst. Deine Lebensqualität kann sich nur verbessern, wenn die Achtsamkeit dauerhafter Bestandteil Deines Lebens wird. Dann wirst Du zu Deinem inneren Frieden finden. Deswegen möchte ich nun noch kurz darauf eingehen, wie Du es schaffst, die in diesem Buch erklärten Techniken und Übungen zu Deinem ständigen Begleiter zu machen.

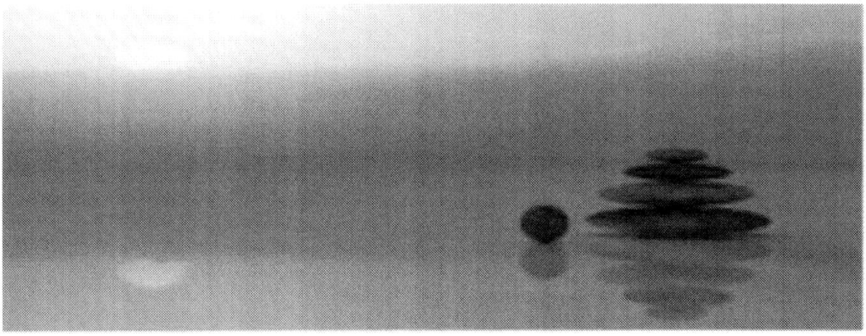

1. Hab Geduld!

Wahrscheinlich bist Du von den Übungen sehr begeistert und möchtest am liebsten alle auf einmal und sofort erlernen. Besser ist jedoch, dass Du geduldig mit Dir selbst bist und die Reise in mehreren Etappen fortsetzt. Lerne und festige erst eine Technik, bevor Du mit der nächsten beginnst. Auch für dieses Kapitel hier gilt: Nimm Dir eins nach dem anderen vor. Du wirst sehen, sehr bald werden die Übungen Teil Deines Alltags und sind aus diesem nicht mehr wegzudenken.

2. Vergiss nicht das richtige Atmen!

Ich weiß, auf das Atmen wurde bereits in mehreren Kapiteln eingegangen, aber man kann es nicht oft genug wiederholen: Achtsames Leben beginnt mit der richtigen Atmung und ist ein ganz wichtiger Bestandteil desselben. Mit ihrer Hilfe findest Du in Deine Mitte und kannst Deine Gedanken leichter lenken und fokussieren.

3. Setz Prioritäten!

Achtsamkeitsübungen sind nichts, was Du mal eben zwischendurch einschieben kannst, wenn Du zwischen Meeting und Kundentermin gerade mal ein paar Minuten Zeit herausquetschen kannst. Damit hättest Du keinen Erfolg. Such Dir eine bestimmte Zeit am Tag aus – eine, die Dir am besten liegt und wenn Du sicher sein kannst, dass Du nicht gestresst sein wirst – und Du wirst sehen, was für einen wunderbaren Einfluss die täglichen Übungen auf Dein Wohlbefinden haben werden.

4. Nimm Deine Umgebung wahr!

Menschen lassen sich sehr leicht von ihrer Umgebung mental beeinflussen. Im Büro verhalten sie sich seriös und professionell, am Strand geraten sie in Urlaubsstimmung. Egal, in welcher Situation, in welchem Umfeld Du Dich befindest – sei Dir immer und jederzeit des Moments und der Umgebung bewusst! Für ein achtsames Leben ist es wichtig, dass Du Dich in jeder Situation wohlfühlst, so wie sie gerade ist.

5. Sei achtsam beim und mit dem Essen!

Wenn Du gelernt hast, achtsam zu essen, also Dir wirklich des Essvorgangs und des Geschmacks zu jedem Zeitpunkt voll bewusst zu sein, wird Dir das bald auch helfen, Dich generell gesünder zu ernähren. Du wirst nämlich das richtige Gefühl dafür entwickeln, welche Nahrungsmittel gesund sind und Deinem Körper und Deiner Seele Gutes tun.

6. Höre auf Deine innere Stimme!

Mit Hilfe der Übungen und Meditationen wirst Du Deine innere Stimme entdecken, entwickeln und lernen, immer besser auf sie zu hören. Diese Stimme wird Dir helfen, weise und richtige Entscheidungen zu treffen.

15

Lebe jeden Tag ein achtsames Leben!

Ein achtsames Leben macht nur Sinn und wird nur dauerhaft zu Erfolg führen, wenn Du nicht in alte Gewohnheiten zurückfällst, sondern jeden Tag, jede Minute Dir dessen bewusst bist, was Du gerade tust. Sei immer konzentriert auf das, was Du gerade tust, sei es noch so banal wie Zähne putzen oder Schuhe zubinden.

Wenn Du jeden Tag ein achtsames Leben führst, wirst Du zu Ruhe, innerem Frieden und deutlich höherer Lebensqualität finden. Mit einem achtsamen Leben kannst Du jede Situation meistern, ganz besonders wenn Du unter Stress oder Ängsten leidest. Um täglich achtsam zu sein, versuch einmal Folgendes:

1. Nimm Dir eine Auszeit!

Heutzutage ist fast jeder ständig beschäftigt und oft gestresst. Vom Aufstehen bis zum Schlafengehen ist unser Tag angefüllt mit Aktivitäten – im Beruf, in der Familie, in sozialen Netzwerken und Reisen. Und wir müssen dabei immer stark, positiv und selbstbewusst nach außen sein.

Das Resultat ist - wir sind irgendwann erschöpft, was im schlimmsten Fall zu Burnout oder gar zur Depression führen kann.

Deshalb ist eine Auszeit hin und wieder so wichtig! Eine Auszeit muss keine Reise nach Asien sein – es ist ganz einfach eine Zeit, in der Du herauskommst aus dem täglichen Hamsterrad. Oft reicht es, ein paar Stunden im Garten zu verbringen – aber ohne Unkrautzupfen und Rasenmähen. Setz Dich unter einen Baum, erfreu Dich an den Farben der Blumen, am Zwitschern der Vögel und am Summen der Bienen. Oder geh nach draußen, streif durch den Wald und genieß die Stille und den Duft. Erfreu Dich am Rascheln der Blätter unter Deinen Füßen und an dem bunten Schmetterling, der fröhlich vor Dir herfliegt. Oder setz dich an einen See – genieß die unvergleichliche Stille und den Frieden, den er ausstrahlt. Es gibt unzählig viele Möglichkeiten – probier sie aus!

2. Ein Schritt nach dem anderen

Multi-Tasking ist ja heute auch so ein Modewort. Am besten, du erledigst mindestens drei Sachen gleichzeitig, so sparst Du jede Menge Zeit und bist ja ach so produktiv. Ich persönlich halte vom Multi-Tasking nicht sehr viel. Kann in bestimmten Situationen hilfreich sein, wenn wirklich mal viel in wenig Zeit geschafft werden muss, sollte aber keine Lebenseinstellung sein.

Denn das Problem beim Multi-Tasking ist, dass man nicht bewusst und achtsam im gegenwärtigen Moment leben kann. Und oft ist es ja auch so, dass man mitnichten mehrere Dinge wirklich vollständig gleichzeitig erledigt. Meistens hat man alle Aufgaben nur angefangen, aber keine zur Zufriedenheit abgeschlossen. Dass es eine Falle für Fehler ist, muss nicht extra erwähnt werden.

Achtsam leben bedeutet, in der Gegenwart, im Moment zu leben und ist somit ein Widerspruch zum Multi-Tasking. Wenn Du achtsam lebst, konzentrierst Du Dich auf eine Aufgabe und erledigst diese gründlich, bevor Du zur nächsten übergehst. Diese Methode ermöglicht Dir, immer im Jetzt zu bleiben.

3. Lauf nicht vor Deinen Gefühlen weg

Ein Junge weint nicht! Gehörst Du auch zu den Männern, denen man diesen Satz in der Kindheit eingetrichtert hat? Nur keine Gefühle zeigen! Ein Mädchen prügelt sich doch nicht! Ein Mädchen sagt aber nicht solche Worte! Oder gehörst Du vielleicht zu den Frauen, denen diese Sätze sehr bekannt vorkommen? Die gelernt hat, immer nett zu sein, immer angepasst, „everybody's darling"? Solche von Kindheit an anerzogenen Muster sind hartnäckig. So wachsen leider viele von uns auf, indem sie ihre wahren Gefühle verdrängen.

In einem von Achtsamkeit geprägten Leben dreht sich aber alles um Gefühle, um das, was Du im Moment fühlst. Achtsamkeit erlaubt Dir, dass Du alles akzeptierst, was sich in Deinem Herzen abspielt. Lass Deine Gefühle zu, nur so kannst du die negativen beseitigen und die positiven nutzen und vermehren. So wirst Du lernen, Dich Deinen Ängsten zu stellen und sie zu überwinden. Du musst vor Deinen Gefühlen nicht davon laufen, denn Du hast alles, was Du brauchst, in Dir, um Dich ihnen zu stellen.

4. Richte Deine Aufmerksamkeit auf den Menschen anstatt auf den Gegenstand

Beziehungen jeglicher Art haben es heute schwerer als vor 20 Jahren. Wir sind beruflich eingespannter, dazu kommt, dass eine „echte" Kommunikation zwischen Menschen immer schwieriger und seltener wird. Jeder schleppt ein Smartphone mit sich herum, viele zusätzlich ein Tablet. Es wird alle paar Minuten nachgeschaut, ob eine Nachricht da ist. Das ist unhöflich und respektlos. Es wird nicht mehr normal miteinander geredet, man reicht sich die Smartphones herum, um sich die neuesten Apps, Fotos und Videos zu zeigen. Wir kommunizieren fast nur noch über Whatsapp und Facebook und kaum noch von Angesicht zu Angesicht.

Wenn Du Achtsamkeit in Dein Leben integrierst, wirst Du Dir dessen mehr und mehr bewusst. Dass bei diesem Verhalten der menschliche Kontakt auf der Strecke bleibt. Eine achtsame Person wird deshalb das Smartphone ausschalten, wenn sie mit einem Menschen redet, der ihr wichtig ist, und mit voller Aufmerksamkeit mit diesem kommunizieren. Achtsame Personen werden auch merken, wie wenig wir unser Gegenüber eigentlich anschauen und lernen, unseren Mitmenschen (wieder) mit mehr Respekt zu begegnen.

5. Meditiere

Für achtsame Menschen gehört Meditation zum Alltag. Meditation ist ein exzellenter Stresskiller und gibt Dir die Möglichkeit, mit Deinen Gedanken zu interagieren. Sie bringt eine Menge Vorteile für die körperliche und seelische Gesundheit. Meditation bedeutet, dass Du Deinen Körper sozusagen täglich „neu startest", um ihn für die Aufgaben da draußen vorzubereiten.

6. Achtsame Menschen sind kreativ

Wenn Du achtsam lebst, wirst Du mehr und mehr spüren, wie sich Dein Geist öffnet. Du wirst Dich gegenüber anderen Ideen, Lebensarten und Ansichten öffnen. Achtsame Menschen sind kreative Menschen. Da Du offener wirst, wenn Du diese Lebensweise praktizierst, ist es leichter für kreative Gedanken, Dich zu erreichen. Achtsamkeit gepaart mit Kreativität ist ein unschlagbares Team.

7. Suche nach neuen Erfahrungen

Die tägliche Routine gibt uns jede Menge Sicherheit. Und es ist verlockend, diese Routine nicht zu verlassen, weil wir ja im Hier und Jetzt leben und meinen, alles was dieses Hier und Jetzt zu bieten hat, bereits zu kennen.

Dennoch – achtsame Menschen sind offen für Unbekanntes und immer bereit, Neues zu entdecken, denn sie leben im Moment und möchten sichergehen, dass dieser Moment auch wert ist gelebt zu werden. Achtsame Menschen besiegen ihre Angst vor dem Unbekannten und können somit freien Herzens neue Erfahrungen machen. Mein persönlicher Lieblingsspruch und mein Lebensmotto sind:

Fange nie an aufzuhören. Höre nie auf anzufangen.

16

Fazit

Nun hast Du dieses Buch zu Ende gelesen, aber Deine Entdeckungsreise hat gerade erst begonnen. Du hast gerade erst einen ersten Einblick bekommen, was Du mit Achtsamkeitsübungen und Meditationen erreichen kannst.

Nun ist es an Dir, das Gelernte umzusetzen. Nimm Dir jeden Tag Zeit für Dich, Zeit für Meditationen und Übungen. Akzeptiere Dich selbst, sei „hier und jetzt". Sei geduldig mit Dir und genieß jeden Schritt auf dieser aufregenden Reise. Große Veränderungen beginnen mit kleinen Schritten.

Danke, dass Du etwas Zeit mit mir verbracht hast, ich wünsche Dir viel Spaß bei der Entdeckung Deines Selbst!

Jasmin Rosenberg

Leseprobe

DANKBARKEIT
25% GLÜCKLICHER DURCH EINE
DANKBARE HALTUNG
JASMIN
ROSENBERG

1

Einleitung

Danke! Wie oft sagst Du täglich dieses Wort? Garantiert mehr als einmal – oft als Höflichkeitsfloskel, ohne darüber nachzudenken. Danke ist mehr als nur ein Wort. Dankbarkeit kannst Du Dir zum Lebensgefühl machen.

Du bist nicht immer zufrieden mit Deinem Leben? Du schielst gern nach rechts und nach links, nach Menschen, die es offenbar besser getroffen haben als Du? Die mehr Geld haben, schlanker sind, schöner sind, besser beim anderen Geschlecht ankommen?

Sicher – es gibt immer jemanden, der das schickere Auto hat, das größere Haus, das dickere Bankkonto. Aber hast Du Dir auch schon einmal überlegt, wie viele, viele Menschen es gibt, die sich glücklich schätzen würden mit dem was Du bist, was Du hast?

Wann hast Du das letzte Mal Deinen Partner oder Deine Partnerin angeschaut und warst dankbar für sie oder ihn? Dankbar für alles, was dieser Mensch in Dein Leben gebracht hat? Für all die Kleinigkeiten, die er täglich tut, um Dein Leben schöner und leichter zu machen? Ist es nicht vielmehr so, dass Du oft genervt bist von seinen Fehlern und Macken? Nimm Dir einfach jeden Tag bewusst ein paar Minuten und sieh das Schöne und Gute an Deiner Frau oder Deinem Mann, und danke dem

Schicksal oder dem Universum oder dafür, dass es diesen Menschen in Deinem Leben gibt!

Hast Du Dir schon einmal Dein Auto angeschaut und warst dankbar dafür, dass Du es hast? Oder hast Du eher neidisch auf das größere Auto des Nachbarn geschielt und Dich insgeheim gefragt, wann Du Dir auch endlich ein größeres, schickeres Gefährt leisten kannst? Oder hast Du besorgt nachgerechnet, wieviel Geld Dich dieses Auto jährlich an Steuern, Versicherung und Unterhalt kostet? Mach es wie mit dem Partner oder der Partnerin – sei dankbar, dass Du ein Auto hast! Ein Auto – auch wenn es nicht das neueste und schickste ist – bedeutet Luxus, der nicht selbstverständlich ist und den sich bei weitem nicht jeder Mensch auf diesem Planeten leisten kann.

Lerne dankbar zu sein, für das, was Du hast, anstatt darüber zu klagen, was Du nicht hast. Warte nicht auf den Traumjob, auf das Manager-Gehalt, auf den Lottogewinn. Dein Leben ist JETZT schön, bunt und reich, genauso, wie es ist. Du hast so viele Gründe, dankbar zu sein für dieses eine, unwiederholbare Leben.

Dankbarkeit kannst Du lernen – und es ist ganz einfach. Dieses Buch zeigt Dir, wie es geht. Viel Spaß beim Entdecken und Lernen!

2

Worin liegt die Kraft der Dankbarkeit?

Als kleines Mädchen hatte ich ein Poesiealbum, in dem sich alle meine Freundinnen verewigen durften. Und auch ich fühlte mich immer sehr geschmeichelt, wenn ich von einem anderen Mädchen auserkoren wurde, ihr Album mit einem sinnigen Spruch zu bereichern. Mein Lieblingsspruch war:

> *„Glücklich sein bedeutet nicht, immer das zu bekommen, was du willst.*
> *Es bedeutet zu lieben, was du hast und dafür dankbar zu sein. "*

Wirklich verstanden habe ich den Spruch erst viele Jahre später. Ein großer Teil des Glücksempfindens liegt in der Tat in der Dankbarkeit.

Erinnere Dich an Deine Kindheit – mit Sicherheit haben Deine Eltern Dich zu Dankbarkeit und vor allem zum Danke-Sagen erzogen. Wie war es, als Deine Tante Dir ein Geschenk oder Eure Nachbarin Dir Naschereien mitgebracht hat? „Und – was sagt man da?" tönte die Mama auch schon. „Dankeschön!" sagtest Du artig. Du hast im Elternhaus gelernt, dankbar zu sein, und dies auch zu zeigen – nicht nur bei Geschenken – in vielen Familien wurde früher vor dem Essen und vor dem Schlafengehen gebetet – was ja auch ein Dank für das Essen und den vergangen Tag ist – ein Brauch, der leider mehr und mehr in Vergessenheit gerät.

Unsere Eltern haben uns nicht nur dazu erzogen, zu danken, sie haben uns auch gelobt, wenn wir etwas Neues gelernt hatten, wenn wir etwas besonders gut gemacht haben und haben damit auch ihre Dankbarkeit uns gegenüber immer wieder gezeigt.

Leider verliert sich bei den meisten Menschen die Fähigkeit, Dankbarkeit zu empfinden und zu zeigen, an der Schwelle zum Erwachsenwerden. Wir werden weniger gelobt, weniger ermutigt, wir gewöhnen uns an, viele Dinge für selbstverständlich zu nehmen und immer mehr mit Neid und Eifersucht auf Andere zu schauen, die es vermeintlich besser getroffen haben.

Das ist sehr schade! Zeit, sich zu besinnen und umzukehren. Dankbarkeit ist nicht nur ein temporäres Gefühl, Dankbarkeit kann eine Lebenseinstellung sein, die jeder erlernen kann.

Beantworte nun einmal ehrlich folgende Fragen:

- Wann hast Du das letzte Mal aus vollem Herzen „Danke" gesagt und es genau so gemeint?
- Wann hast Du das letzte Mal aufrichtigen Dank empfunden, dass Du gesund bist, dass Du Beine hast, die Dich tragen, Augen, die sehen, ein Herz, das schlägt und Dich somit Leben hält?
- Wann warst Du das letzte Mal dankbar für Deinen Job, der Dich ernährt, für Dein Zuhause, in dem Du Dich anschließend ausruhen kannst?

- Wann hast Du Dich das letzte Mal an den Tisch gesetzt und aus vollem Herzen gedankt, dass dieser reich gedeckt ist, dass Du keinen Hunger kennst und immer genug zu essen hast?
- Wann hast Du das letzte Mal jemanden gebeten, Dir einen Gefallen zu tun – anstelle diesen einzufordern? Und hast demjenigen anschließend aus tiefstem Herzen dafür gedankt?
- Wann hast Du das letzte Mal aufrichtigen Dank empfunden für die vielen vielen wunderbaren Dinge, die es in Deinem Leben gibt? Deine Familie, Deine Freunde, Dein Auto, den letzten Urlaub, den kommenden Urlaub? Es ist lange her, habe ich recht?

Studien an mehreren namhaften Universitäten haben gezeigt, dass eine dankbare Lebenseinstellung die Beziehung zu dem oder den Menschen, denen wir danken, verbessert, sondern tatsächlich positive Auswirkungen auf unsere Gesundheit, unser Wohlbefinden und unser Selbstwertgefühl hat. Die Resultate dieser Forschungen zeigen, dass Personen, die mit ganz einfachen Übungen und Ritualen die Dankbarkeit in ihr Leben integriert haben, ein in jeder Hinsicht verbessertes Lebensgefühl erreicht haben. Wichtig ist jedoch Regelmäßigkeit und Kontinuität. Wenn Du als Kind das Klavierspielen erlernt hast, wirst Du im Laufe Deines Lebens nur spielen können, wenn Du täglich oder zumindest mehrmals wöchentlich übst. Nach einer Pause von mehreren Jahren wirst Du diese Fertigkeit verlernt haben. Genauso verhält es sich mit der Lebenseinstellung Dankbarkeit. Wenn Du sie nicht regelmäßig praktizierst, wird sie früher oder später wieder „einschlafen".

Der amerikanische Psychologie-Professor Dr. Robert Emmons hat eine achtjährige Studie zum Thema Dankbarkeit durchgeführt und dabei herausgefunden, dass eine kontinuierliche Haltung der Dankbarkeit zu folgenden Ergebnissen führt:

- eine bessere Gesundheit
- mehr Entschlossenheit
- mehr Begeisterungsfähigkeit
- mehr Optimismus
- eine positivere Stimmung
- eine bessere Beziehung zu anderen Menschen
- besserer und längerer Schlaf
- mehr Energie
- mehr Detailtreue
- mehr Entschlossenheit
- eine erhöhte Aufmerksamkeit

Dies ist eine beeindruckende Liste, nicht wahr? Wie viele Dinge sich verbessern, wenn wir eine dankbare Haltung erlernen. Wieviel Geld geben manche Leute für Ärzte und Medikamente aus, um die beschriebenen Dinge zu erreichen. Dabei ist es so einfach, all das mit nur 5 bis 10 Minuten Dankbarkeits-Ritual täglich zu erreichen!

Dankbar zu sein, ist wirklich nicht schwer. Seien wir es doch einfach!

3

Welche Vorteile bringt Dir eine dankbare Haltung?

Dankbarkeit macht glücklicher

Die Antwort auf die oben genannte Frage ist eigentlich ganz einfach. Dankbarkeit macht uns glücklich! Wenn Du ständig darüber nachdenkst, was Dir fehlt oder was besser laufen könnte, wenn Du ständig nach mehr und immer mehr strebst, wirst Du immer unzufriedener. Wenn Du dagegen wertschätzt, was Du hast, steigt Deine Zufriedenheit und somit Dein Glücksempfinden. Wenn Du dauerhaft Übungen und Rituale der Dankbarkeit in Dein Leben integrierst, kann sich Dein Glücksgefühl um bis zu 25% steigern, das haben Studien erwiesen.

Es gibt ein tolles Video auf Youtube, das heißt „The Science of Happiness". Verschiedene Personen wurden zunächst einem Glückstest unterzogen. Anschließend wurden sie gebeten, eine Person zu nennen, die eine große Bedeutung für ihr Leben hatte oder hat. Es kamen die unterschiedlichsten Antworten. Bei einem jungen Mann war es ein ehemaliger Lehrer, bei einer Frau die Schwester. Dann sollten

einige einen Brief an die betreffende Person schreiben, in dem sie ihre Dankbarkeit für die Präsenz dieses Menschen in ihrem Leben ausdrücken sollten. Andere hingegen wurden aufgefordert, diesen Menschen anzurufen, und ihm zu sagen, wie dankbar sie seien, ihn zu kennen.

Anschließend wurden alle Testpersonen erneut einem Test unterzogen, und die Ergebnisse waren ganz erstaunlich. Bei den „Briefeschreibern" hatte sich das Glücksempfinden um 2 bis 4 % gesteigert, bei den „Anrufern" um sage und schreibe 5 – 19 %! Und – derjenige, der beim ersten Test den niedrigsten Glückswert hatte, erzielte die allergrößte Steigerung von allen! Schau es Dir einfach an:

bit.ly/AnExperimentinGratitude

Dieser und andere Tests bzw. Studien zeigen, dass Dankbarkeit in der Tat unser Glücksempfinden äußerst positiv beeinflusst.

Dankbarkeit macht beliebter

Dies erklärt sich eigentlich von selbst, oder? Wenn Du wertgeschätzt wirst, welches Gefühl löst das in Dir aus? Richtig – Du willst mit der Person, die Dich so sehr schätzt, mehr Zeit verbringen und wünschst Dir, dass…

Über den Autor

Jeder kann ein stressfreies, gesundes und positives Leben führen, wenn er denn will! Stimmen Sie dieser Aussage zu?

Wenn ich Sie jetzt gerade gedankenverloren beim Seufzen erwischt habe, dann fühlen sie sich eingeladen, Jasmin Rosenbergs "Rezepte" für ein glückliches Leben auszuprobieren. Ihr Ziel ist die ganzheitliche Heilung von Körper, Geist und Seele. Und dafür hat sie jede Menge Hilfen im Gepäck. Ein reichhaltiges Erfahrungsprogramm, das Sie sich nicht entgehen lassen sollten.

Jasmin Rosenberg ist schon seit Jahrzehnten der inneren Balance auf der Spur. "Frieden können Sie nur in sich selbst finden!", ist eine ihrer Essenzen auf einem langen Weg des Glücklichwerdens. Alles fing damit an, dass sie vor Jahren als junge und erfolgreiche Managerin in einer

Beratungsfirma häufig gestresst nach Hause kam und sogar ihre Familie darunter litt. Bis sie eines Tages erkannte, dass ein glückliches Leben nicht vom Terminkalender im Büro abhängt, sondern vom eigenen inneren Frieden. Kurz vorm Burnout kündigte sie ihren Job und lernte alles, was es zu wissen gibt über inneren Frieden. Sie verschlang jedes Buch und besuchte Seminare und fand so schrittweise zu einem ausgeglichenen und glücklichen Leben, das auch ihre Familiensituation wieder in Einklang brachte.

Sind Sie in einer ähnlichen Situation? Und wissen nicht, wie Sie den Ausweg finden? Dann blättern Sie in Jasmin Rosenbergs Bestenliste. Auch sie tat einmal den ersten Schritt und nimmt Sie mit auf eine Reise zu innerem Frieden und Glückseligkeit. Dazu brauchen Sie keinen 500-Seiten Schmöker: Kurz und auf den Punkt gebracht teilt sie Ihnen ihre Erfahrungen mit und gibt Antworten auf die am meisten brennenden Fragen auf einem neuen Lebensweg.

Jasmin Rosenberg:

Hellsehen meistern

Wie Du Deine Intuition entwickelst und Dein Bewusstsein erweiterst

In diesem Buch findest Du die Antworten. Ich erkläre, was mediale Fähigkeiten sind und welche Möglichkeiten es gibt, mit der geistigen Welt in Kontakt zu treten. Auch erfährst Du, wie Du Deine in Dir schlummernden Gaben wecken und optimal zu Deinem und zum Nutzen Anderer einsetzen kannst.

Jasmin Rosenberg:

Chakras für Anfänger

Der Schlüssel zur Gesundheit - Körper, Geist und Seele harmonisieren

Im Buch Chakras für Anfänger erfahren Sie welche negativen Einflüsse ein Ungleichgewicht oder eine Blockade in den Chakras auf Ihr Leben und Ihre Gesundheit haben kann und was Sie tun können um dieser Negativität effektiv entgegenzuwirken.

Jasmin Rosenberg:

Heilsteine für Anfänger

Entdecke die heilende Kraft von Kristallen und Heilsteinen

Hier erfährst Du alles über Kristalle und Edelsteine und wie Du Dir diese Wunder der Natur für Dein Leben zunutze machen kannst. Du wirst lernen, Dich selbst und andere mit Techniken zu heilen, die schon im alten Ägypten und Griechenland verbreitet waren.

15321504R00056

Printed in Poland
by Amazon Fulfillment
Poland Sp. z o.o., Wrocław